展示设计教学丛书暨高级培训教程

# 会展策划与管理

钱凤德　朱仁洲　编著

中国建筑工业出版社

**图书在版编目（CIP）数据**

会展策划与管理/钱凤德，朱仁洲编著；— 北京：中国
建筑工业出版社，2015.12
（展示设计教学丛书暨高级培训教程）
ISBN 978-7-112-18618-1

Ⅰ.①会…　Ⅱ.①钱…②朱…　Ⅲ.①展览会－策划－教材
②展览会－管理－教材　Ⅳ.①G245

中国版本图书馆CIP数据核字（2015）第253852号

本书整体分8章，第1章总体讲述了课程学习的目的、本课程在设计学科中的地位、课程的学习方法、基本概念和基础理论；第2～6章分别介绍了综合博览会、一般商业博览会（主办方和参展方）、庆典与仪式活动、会议活动以及展馆项目的策划、管理与执行，重点论述了不同项目的运作流程，并讲述了设计师在项目不同阶段的工作内容和担当的不同角色；为了进一步帮助学生理解策划案与设计执行的基本关系，本书第7章分别展示了不同类型的项目策划与设计执行案例；第8章通过对策划、创意和设计问题的讨论，启发设计专业学生对设计专业内容的理解，并引导培养学生独立思考的能力与习惯。通过学习本教材，希望设计专业学生能够确立起一种意识——"在策划中做设计"。

责任编辑：魏　枫　张莉英
责任校对：李美娜　关　健

展示设计教学丛书暨高级培训教程

**会展策划与管理**

钱凤德　朱仁洲　编著

＊

中国建筑工业出版社出版、发行（北京西郊百万庄）
各地新华书店、建筑书店经销
北京京点图文设计有限公司制版
北京中科印刷有限公司印刷

＊

开本：880×1230 毫米　1/16　印张：11¼　字数：308千字
2016年1月第一版　2016年1月第一次印刷
定价：**68.00元**（含光盘）
ISBN 978-7-112-18618-1
（27858）

# Preface

**丛书前言**

　　展示设计是一门涉及面广、内涵丰富且具有强烈时代气息、新兴的综合性边缘学科，是艺术与技术的结合体。不断提升的展示市场要求展示设计更为完美、更为专业，同时也要求设计师具备更为完善的知识体系，基于这些因素，我们组织了南京工业大学、南京艺术学院、南京林业大学、江苏大学等开设会展设计专业或方向的高校编写这套以展示为主线的会展设计丛书，旨在对会展产业的进一步发展提供一定的帮助。

　　这套系列丛书现包括《展示设计与分析》、《会展家具设计》、《展示照明设计》、《会展策划与管理》、《展示设计的视觉传达》、《会展搭建与构建》、《户外展示环境设计》七本，分别从展示设计的各个设计知识领域出发，以国内外展示设计的方法为研究对象，通过大量的实际设计案例来探讨有关展示环境的各类设计方法和表达手段，聚焦了设计创意的策划、现在的艺术设计手段和最新的科技动态，以此来突出表达展示主体，使信息的传播更具有时代感和艺术性。本系列丛书可以作为大专院校会展设计类专业的教学用书，也可以作为会展专业人士和爱好者的实用参考书。本丛书配有素材丰富、制作精美、宜教宜学的电子光盘以帮助读者更好地理解与运用这套丛书。

　　在本套丛书的编写过程中，得到了许多会展企业及专家、技术人员的大量帮助与支持，在此谨向为本丛书的顺利出版付出辛劳的全体人员表示衷心的感谢！

# preface

## 前言

　　会展策划与管理从宏观角度看包含营销和管理两个学科的内容，作为会展设计专业，为了在会展项目中与营销和管理团队进行更好的配合与协同工作，必然要求设计师对会展策划方案有深度的理解与把握，这也是会展项目执行工作的前提与基础，从这个角度讲，对设计师进行策划能力的培养已经成为设计师综合素质培养的重要组成部分。

　　作为设计专业学习会展策划与管理的参考书，本书既没有沿袭营销策划的体系结构，也没有系统讲述管理学方面的专业知识，而是从"设计师"的角度，以设计师的思维模式去理解会展项目的策划与管理工作，立足设计，使设计专业的学生能够在策划、管理和设计之间建立起一种联系，并把"策划与管理"作为深刻认识理解会展项目的重要途径，使之能更好地服务于会展项目的整体运营。通过发挥设计师的特长，以设计的途径或方法主导或辅助会展项目的运作与执行。

　　内容组织方面，站在"大会展"的角度，案例涵盖了展览、会议、活动以及展馆四个方面的主要内容，能够让学生对会展项目产生较为全面的认识。

　　最后，希望通过本书对相关知识的整理与归纳，能够引起设计专业学生对策划、管理、创意、设计的深度理解，并对它们之间的内涵与相互关系有更加深入的思考，这是本书编写的初衷。本书是南京工业大学教改成果，在编写过程中得到了大量企业及专家的热心帮助与支持，相关案例已尽可能标明出处，但遗漏之处仍在所难免，编者再次对书中涉及的所有作者一并表示感谢。由于编者水平有限，在观点、认识上难免存在偏颇之处，恳请同行专家批评指正。

编者

于南京工业大学

2016 年 1 月

# contents
目录

**第 1 章**
## 概述
/ 1

**第 2 章**
## 会展主办方的策划管理与运作流程
/ 11

# contents

## 目录

# contents
目录

第 6 章
## 展馆的方案策划管理与运作流程 / **101**

第 7 章
## 案例分析与解读 / **115**

# contents
目录

# 第1章
# 概述

**本章导读**

本章介绍了课程学习的两个基本目的，即提高策展执行团队成员间的协作与设计师自身的综合能力；讨论了本课程在设计专业中的基础性地位；提出了本课程学习的三个主要方法；解析了策划、管理、创意和设计的概念内涵；探讨了策划管理的基本理论。总体分为以下小节：

（1）学习目的

（2）本课程在设计学科中的地位

（3）本课程的学习方法

（4）相关概念和术语

（5）策划管理的基础理论

# 1.1 学习目的

会展策划与管理作为设计学专业的基本课程，通过学习需要达到至少两个目的：提高团队间的协作；培养设计师的综合能力。

## 1.1.1 提高团队间的协作

会展项目的运作过程一般会由策划、设计与管理团队协作完成。

（1）项目策划团队在项目初期主要负责项目立项的可行性分析，并对项目运作的过程进行宏观的筹划。

（2）项目设计团队主要负责会展项目的整体形象设计、展位空间设计以及宣传推广材料的设计，辅助管理团队完成项目的执行过程。

（3）项目管理团队的主要职责在于对项目运作过程进行总体的协调与管理，更侧重于活动本身的组织和管理，具体包括人员、财务、工程管理等多个方面。

虽然三个团队在工作内容和职责方面各有侧重和分工，但实际上，团队间的合作是项目能够顺利进行的根本保证。特别对于中小型项目而言，在实际操作过程中，往往需要一人身兼多职。即使大型的会展项目，为了更好地推进项目的进度，也同样需要不同团队间的紧密合作。

作为策划执行团队的设计师，其主要作用或职责是表达策划案的核心内容，将其形象生动地传递给受众，但由于设计师思维模式的局限，在与策划团队合作进行项目运作的时候，面对大篇幅的策划案，设计师往往因为不能轻易抓住方案的核心要点，而常常将精力消耗在内部的交流沟通上，基于这种情况，在设计专业开设策划类课程，可以提高学生快速认识理解策划案的能力。通过对会展策划方案与项目运作流程的基本了解，加深对项目本身的认识深度，提升设计师对项目策划方案的表现能力与团队协作能力。

## 1.1.2 培养设计师的综合能力

设计的培养模式是当前设计教育领域讨论较多的问题，在相当长的一段时间内，设计专业的研究核心被限定在"装饰或美化"的范围，从设计纵向发展的历程看，无论是注重装饰还是功能主义，亦或是时下的服务体系设计，解决问题是现代设计的根本目的，这一点是取得共识的。因此，现代设计师已经远不再是仅仅解决美化装饰问题，而是要从根本上解决各类具体的问题。设计师这一职业重心的变化必然要求设计师具有相对较高的综合素质，通俗而言即一专多能。而"策划型"设计师已经成为了当前设计行业发展的主流趋势。

设计师不是美工，也不只是概念的提供者，而是具有系统思维、良好创意和表现能力的综合型人才。因此，对会展设计专业的学生而言，进行策划与管理方面的专业知识学习，有利于培养设计师的综合能力。

## 1.2 本课程在设计学科中的地位

### 1.2.1 设计专业的课程结构

设计教育课程一般由绘画基础（表现需要）、设计基础（技法及理论）以及应用设计（各种专业设计方向）构成。

**1.绘画基础**

绘画基础一般指技能的基础训练，主要由素描、速写和色彩构成，训练的方式一般分为三个阶段，即临摹、写生和创作。当然，在基础训练方面也存在两种不同的基本观点，一种是注重基本技能的技法训练，另一种是强调创造性思维的训练。

**2.设计基础**

就设计基础而言，传统上主要指三大构成，即平面、色彩和立体构成。这是西方现代设计教育体系的基础，也是我国设计教育参考的重要内容。当然，随着我国现代设计教育的探索、研究越来越成熟，其他传统美学法则的研究与训练正在逐步结合到我们的设计教育体系中来。就三大构成来讲，其主要研究的内容如下：

（1）平面构成主要解决设计对象的形式问题，主要是在二度空间里研究形态的变化与构成，是探求二维空间的视觉规律、形象的建立、骨骼的组织、各种元素的构成规律，造成既严谨又有无穷律动变化的装饰构图。

（2）色彩构成是根据人们长期对色彩形成的感觉而产生的一种思维定式，不同颜色的搭配，能够给人不同的心理感受，而色彩构成就是将这些思维定式总结出来。

（3）立体构成是研究立体形态、材料和形式的科学，立体构成所研究的对象是立体形态和空间形态的创造规律。具体来说，就是研究立体造型的物理规律和知觉形态的心理规律。

立体构成是由二维平面形象进入三维立体空间的构成表现，两者既有联系又有区别。联系的是：它们都是一种艺术训练，引导了解造型观念，训练抽象构成能力，培养审美观，接受严格的纪律训练；区别的是：立体构成是三维度的实体形态与空间形态的构成。结构上要符合力学的要求，材料也影响和丰富形式语言的表达。立体是用厚度来塑造形态，它是制作出来的。同时，立体构成离不开材料、工艺、力学、美学，是艺术与科学相结合的体现。

**3.应用设计**

设计专业学生在具备了一定的表现基础和基本的设计理论后便开始进入到各类不同方向的专业训练，主要有环境设计、工业设计（产品）、视觉传达设计（平面或装潢）、服装设计、珠宝设计、数字设计等。任何专业方向的训练，都离不开相同的基础，即绘画和基础的设计理论。

以上是我国大部分设计专业进行设计教学时的主要内容。那么如何认识策划与设计的关系呢，这需要从两者的最终目的谈起。

### 1.2.2 策划在设计中的基础性作用

由于设计专业在我国源于工艺美术教育，因此就其学科属性上看更加注重艺术审美的训练，然而随着设计学科的发展，现代设计已经远不止停留在装饰层面，更多地考虑功能问题，而现在最前沿的设计理念则开始从关注设计对象的"功能"转向"系统化的服务设计"，设计开始注重解决问题的办法而不仅仅是物本身。当我们回头看策划与管理，策划的重点即在于寻求解决问题的策略和办法，而管理则是为了高效地解决存在的问题，策划与管理结合的根本目的是更好地解决所面临的各类问题，从这一点看，设计与策划管理在终极目标上是不谋而合的。

纵观设计与策划，设计属于美学的范畴，具有物的客观性，而策划属于管理学的范畴，具有意识的主观性，但是由于两者目的的同一性（即解决某个具体的问题），使策划在设计活动中起到基础性作用。"凡事预则立，不预则废。"预，实际上就是事先做好充分准备，并进行必要的策划，这个活动更多的是意识层面的主观活动。而设计之前必然需要充分地做好这种"预"见，而不能先做出一个客观的对象，然后再去讨论其是否可行，这就是为什么说策划在设计活动中起到基础性作用的原因。典型的案例如各类设计竞赛，其本身形式方面的设计已经很难打动评审，起决定作用的恰恰是设计最初的立意，即通过怎样的方式解决或表达当前面临的问题，而这恰恰就是策划的主要内容。

因此，对于解决问题的设计学科而言，进行策划与管理方面的学习不能理解为专业方向的改变或跨专业那么简单，应该视策划为设计的基础和前提，而现实项目运作过程中，策划也在很大程度上左右着设计的方向。

### 1.2.3　问题思考

以某一设计竞赛获奖作品为例，思考策划在设计中的基础性作用。

## 1.3　本课程的学习方法

作为具有实践性的课程，本课程在基础理论的认识之外，主要可以通过理论与案例研究及项目实践的方式进行学习，这也是整个设计艺术学学习的主要方法。

### 1.3.1　理论学习

理论学习是专业学习的基础，从哲学角度讲，理论指导着实践，实践推动理论的发展。而对于为什么要学习理论，理论学习的重要性需要引起我们足够的思考。

首先，理论源于实践。理论与实践并不是完全孤立的，更不是相互对立的，设计理论是设计大师们探索过程中的心得体会和经验总结，是他们智慧的结晶，通过学习，可以少走弯路，减少摸索的时间，得以更快地前进。

其次，理论是思想的体现，是思想的另一个名称。对于从事设计的工作者而言，有没有思想将会决定他是成为"大师"还是"美工"。大师与美工的区别是，前者能源源不断地创造出新作品，而后者只能按照既定模子复制类似的产品。在古希腊，最高等的学科是哲学，哲学代表智慧，哲学家最受人尊重，而画家、雕塑家则由于所从事的工作带有体力劳动的性质，被归入没有思想的"手艺人"、"匠人"之列。直到文艺复兴时期，画家、雕塑家的地位才开始上升，原因是出现了达·芬奇、拉斐尔、米开朗琪罗这样一些全面式发展的巨人，也就是说，这些巨人并不仅仅懂绘画，在其他方面同样有过人之处，比如，达·芬奇还精通医学、数学等，理论方面提出过著名的"镜子说"，而米开朗琪罗还是诗人，换句话说，他们不但是艺术巨匠，同时也是思想巨人。中国也有同样的情形，中国古代画家的地位也很卑微，直到文人画出现，因为自苏轼提出"文人画论"起，就开始有一大批的文人加入到画家行列，而画家当然也要加强自己的文学修养，这样，画家就不单纯只是画家，他们同时也是诗人和文学家，画家的整体文化素质就这样被大大提高了，他们的地位也因此得到提升。由此可见，中西方历史上都极其强调思想理论修养。如果没有思想，即使拥有精湛的技艺也难以成为影响世人的大师。

既然理论如此重要，如何学习好理论呢？

首先，要学好历史，这里的历史不仅仅是专业发展的历史，还包括反映人类发展的综合史，艺术家或设计师的个人生平传记等。除此之外，还要对文学与哲学方面的书籍进行广泛阅读。如果有兴趣也可以阅读自然科学的书籍，或许会从中找到有助于创作的东西。

其次，要向相关专业学习。也就是说，如果你的愿望是当一名画家，那就不能仅仅局限于学习绘画，还必须"学习"音乐、文学、电影等其他门类的艺术，如果你想做一名设计师，除了学习艺术类的知识外，还要学习一些制造类的基础知识，否则很难完美地解决客观具体的问题。

简言之，无论是历史还是相关的文化知识，归根到底是为了提高我们的"修养"和"素质"。而理论的学习能够在更深的层面使我们展开对专业的研究与理解，并启发在专业学习中的创造性活动。

## 1.3.2　案例分析

对策划与管理而言，除了对基本理论的学习之外，对大量精彩案例的解读是学习策划与管理课程的基本方法，也是有效途径，这也是本课程初级阶段学习的主要方法。在这一阶段的学习过程中，通过对大量不同案例的解读，可以初步了解各类项目策划的基本框架，只有把握住基本的框架结构，才能在阅读长篇策划案的过程中分清主次，做到详略得当、更加快速地把握住项目策划的重点和精髓。在此基础上，要集中精力对亮点或核心概念进行深入解读，总结各类项目常用策略。除此之外，在对策划案的核心进行分析的时候，一定要从方案中走出来独立思考，从正反两个方面分析利弊，逐步培养独立思考的思维模式，让独立思考成为一种习惯。

## 1.3.3　项目实践

无论理论学习还是项目案例研究，其最终目的都是为了实际应用。相比其他基础学科，不管是策划管理还是设计，其本质上都是一门应用型学科，这就要求在一定的基础上，适当地进行一些项目实践，通过实践来加强对专业的深度认识。而项目实践通常可以分为三个主要环节：

（1）前期调研，收集整理项目相关的基础资料，并从已有经典案例中寻找概念创意的灵感。

（2）在对项目解读的基础上，尝试较小策划案的写作实践，单纯的看和实际做还是存在很大区别的，特别是在对项目概念的立意和流程设计上会带来更加真切的体验。

（3）策划案最终成果的整理，这阶段应该将策划案框架结构的严谨性和完整性作为训练的重点，全面系统地完成策划报告的撰写工作。

## 1.4 相关概念和术语

### 1.4.1 策划

有关策划的定义，《哈佛管理百科全书》中是如此描述的："策划是一种程序，在本质上是一种运用脑力的理性行为。基本上所有的策划都是关乎未来的事物，也就是说，策划是针对未来要发生的事情做当前的决策。"

国内也有学者把策划归于管理职能，认为策划是以科学的、系统的、创新的、实效的原则，通过全方位的信息处理、智力运作和参与，对目标的所有资源进行重新整合和开发，以提高综合实力、实现利益优化的最终目标，它是一种管理职能。

事实上，无论对策划进行何种定义，也不论它究竟属于哪个学科，最重要的是它在推动事物发展过程中，或者为实现一个目的所起到的积极作用。现实中，策划已经与社会生活的方方面面紧密联系在了一起，其中，市场活动中最能见到策划的影子，如房地产项目策划、产品营销推广策划、各类活动策划等。

如果将策划分成四个部分，则其分别为：做什么、何时何地做、谁来做以及如何做。做什么是策划的基本主题；何时何地做主要交代活动的时间地点；谁来做主要指活动的主体；如何做则是策划的主要部分，是一份策划案的核心，这是一般项目策划案的构成主体。当然，一份完整的策划案还包含其他更多内容，比如项目的背景、各类分析、财务预算、突发应对等。根据不同项目的具体情况，以上内容在方案撰写时会有不同的逻辑结构和先后次序。

### 1.4.2 管理与会展管理

#### 1.管理

管理是指在特定的环境条件下，以人为中心，对组织所拥有的资源进行有效的决策、计划、组织、领导、控制，以便达到既定组织目标的过程。管理具有动态性、科学性、艺术性、创造性。

管理可以分为很多种类的管理，比如行政管理、社会管理、工商企业管理、人力资源管理、情报管理等。在现代市场经济中，工商企业的管理最为常见。每一种组织都需要对其事务、资产、人员、设备等所有资源进行管理。每一个人也同样需要管理，比如管理自己的起居、饮食、时间、健康、情绪、学习、职业、财富、人际关系、社会活动、精神面貌（即穿着打扮）等。

就企业管理而言又可以划为几个分支：人力资源管理、财务管理、生产管理、物控管理、营销管理、成本管理、研发管理等。在企业系统的管理上，又可分为企业战略、业务模式、业务流程、企业结构、企业制度、企业文化等系统的管理。

#### 2.会展管理

如同企业管理，会展管理也包括许多不同的分支和功能，广义上主要包含工程管理、会展评估、计划制订与控制、会展融资、会展采购管理、会展合同管理等工作；狭义的会展管理指对会展项目的具体执行过程进行有效管理。本课程"会展策划与管理"中的"管理"即狭义上的会展管理，主要指对会展品牌形象、项目运作流程的具体工作进行协调与管理，侧重于会展项目的执行过程。

### 1.4.3 创意

创意是一种通过创新思维意识，进一步挖掘和激活资源组合方式，进而提升资源价值的方法。创意是对传统的叛逆，是打破常规的哲学，是思维碰撞、智慧对接，是具有新颖性和创造性的想法，"不同寻常"是其主要特征，也可以说良好的创意是意料之外、情理之中的巧妙现象。

广义上，"创意"涉及多个领域，如优秀策划案中的核心亮点、一个产品的概念设计、平面中的图形设计、亦或是一个解决实际问题的"点子"等，常常都会被称之为"创意"。

### 1.4.4 设计

有关设计的作用、内涵、意义以及设计的基础理论等，学术界有着非常多元的观点，但现代设计基本都认为，"设计是解决问题的一种手段"。

设计与策划不同，策划侧重于智力层面的精神活动，相比而言，设计则更倾向于具体的制造与执行活动。纵观设计发展的历史可以看出，从最早最原始的生产工具，到为满足精神需求、象征身份和地位的各类器皿，再到现代设计初期的手工艺制造活动、功能性设计、后现代设计以及当前的服务体系设计等，设计发展的轨迹是从功能到装饰再到功能，即使设计界最为前沿的"服务体系设计"，其虽然已开始逐步脱离对物的依赖，但核心仍然还是功能性的，也就是说，其根本目的是为了解决某一具体的问题。从最新设计发展的这一趋势看，设计正开始逐步向策划靠近。

虽然设计的发展开始逐渐脱离客观物体，但就当前设计的主体而言，很大程度上仍然需要通过对物的设计，以实现其预先设置的目的。具体表现在当前设计教育的主要内容，其主要存在以下设计类型或专业方向：

工业设计（Industrial Design）

家具设计（Furniture Design）

交通工具设计（Transportation Design）

产品设计（Product Design）

软件设计（Software Design）

文具礼品设计（Stationery Design）

玩具设计（Toy Design）

视觉传达设计（Visual Design）

广告设计（Advertisement Design，经常只以广告代称）

包装设计（Package Design）

插画设计（Illustration Design）

动画设计（Animation Design）

网页设计（Web Design）

环境设计（Environmental Art Design）

景观设计（Landscape Design）

室内设计（Interior Design）

流行时尚设计（Trend Design）

服装设计（Fashion Design）

珠宝设计（Jewelry Design）

……

2012 年，教育部将学科专业方向进行了重新调整，新增艺术学为一级学科（原属文学），设计学为艺术学下的二级学科（表 1-1）。

设计学科专业概况　　　表1-1

| 专业代码 | 学科门类、专业类、专业名称 | 原专业代码 | 原学科门类、专业类、专业名称 |
|---|---|---|---|
| 1305 | 设计学类 | [新增] | |
| 130501 | 艺术设计学 | 050407 | 艺术设计学 |
| 130502 | 视觉传达设计 | 050408 | 艺术设计（部分） |
| 130503 | 环境设计 | 050408 | 艺术设计（部分） |
| 130504 | 产品设计 | 050408 | 艺术设计（部分） |
| | | 080303 | 工业设计（部分） |
| 130505 | 服装与服饰设计 | 050408 | 艺术设计（部分） |
| 130506 | 公共艺术 | 050430S | 公共艺术 |
| 130507 | 工艺美术 | 040330W | 装潢设计与工艺教育 |
| 130508 | 数字媒体艺术 | 080623W | 数字媒体艺术 |
| | | 050431S | 数字游戏设计 |

| 专业代码 | 学科门类、专业类、专业名称 | 原专业代码 | 原学科门类、专业类、专业名称 |
|---|---|---|---|
| | | | 续表 |
| 特设专业 | | | |
| 130509T | 艺术与科技 | 050428S | 音乐科技与艺术 |
| | | 050427S | 会展艺术与技术 |

通过对艺术与科技专业的设置情况可以看出，本专业由会展艺术与技术及音乐科技与艺术合并而成，在专业属性上有两个方面的特点，一是立足会展具有一定的"商业性"；二是源于音乐科技与艺术必然具有一定的"艺术与多媒体"特征。

# 1.5 策划管理的基础理论

## 1.5.1 策划的基础理论

任何学科的发展都离不开理论的指导，会展设计专业作为一门综合的新型学科或者专业方向，其涉及的相关理论必然也非常广泛，如管理学、美学、工程技术等。就会展而言，目前系统的学科理论还没有形成，整个学科专业体系的建设也还在不断探索的过程中，作为会展专业的策划管理类课程，其基础理论主要来自"系统论与运筹学"，这也是管理学专业的基础理论之一。

## 1.5.2 系统论

系统论是研究"系统"的一般模式、结构和规律的学问，它研究各种系统的共同特征，用数学方法定量地描述其功能，寻求并确立适用于一切系统的原理、原则和数学模型，是具有逻辑和数学性质的一门科学。学习系统论必然要先了解何为"系统"。

### 1.系统的定义及特征

系统是由相互联系、相互制约的若干部分结合在一起组成的具有特定功能的整体。系统的主要特征表现在如下几个方面：

（1）整体性，其含义主要是指系统是一个由若干要素组成，并具有一定新功能的有机整体，若干要素一旦组成系统整体，就具有原来独立要素所不具有的性质和功能。

（2）层次性，指大系统下面各小系统的不同地位，由于各小系统的功能作用不同而构成了一定的层级关系。

（3）开放性，系统具有不断地与外界环境进行物质、能量、信息交换的性质和功能，系统向环境开放是系统得以向上发展的前提，也是系统得以稳定存在的条件。

（4）目的性，指系统在与环境的相互作用中，在一定的范围内，其发展变化所表现出来的某种趋向或预先确定的状态。

（5）突变性，系统从一种状态进入另一种状态是一个突变过程，它是系统质变的一种基本形式，有了质变的多样性，才能带来系统发展的丰富多彩。

（6）稳定性，指在外界作用下，系统所具有的自我稳定能力和自我调节能力。

（7）自组织性，指在内外因素的相互作用下，系统内部要素自发组织起来，使系统从无序到有序的过程。

（8）相似性，指系统的结构和功能、存在

方式和演化过程具有共同性，是一种有差异的共性，是系统统一性的表现。

**2.系统工程实例**

（1）阿波罗登月计划

参加人员约 42 万，120 所大学实验室，耗资 240 亿美元，1969 年实现登月。在这个复杂高科技系统下面，有众多的分系统，如：飞船系统、通信系统和测试系统等。这些分系统下面又包含无数小系统，实现总体功能的最优。

（2）三峡工程

1993 年开始施工准备，历经 10 年，涉及防洪、发电、航运、移民安置、生态环境、国防安全、区域经济发展等各个方面，除了三峡工程本身是一个复杂庞大的系统外，三峡工程项目是一个更大的系统。

## 1.5.3 运筹学

运筹学是关于决策的科学，系统工程的基础理论与数学工具，通过不同的决策实现预先制定的具体目标。运筹学经典的案例如下：

（1）"以君之下驷与彼上驷"

齐使者如梁，孙膑以刑徒阴见，说齐使。齐使以为奇，窃载与之齐。齐将田忌善而客待之。忌数与齐诸公子驰逐重射。孙子见其马足不甚相远，马有上、中、下辈。孙子谓田忌曰："君弟重射，臣能令君胜。"田忌信然之，与王及诸公子逐射千金。及临质，孙子曰："今以君之下驷与彼上驷，取君上驷与彼中驷，取君中驷与彼下驷。"既驰三辈毕，而田忌一不胜而再胜，卒得王千金。

（2）其他类似典故

运筹于帷幄之中，决胜于千里之外——《史记·高祖本记》

"知己知彼，百战不殆"，"以我之长，攻敌之短"。

## 1.5.4 小结

系统论是从宏观层面进行总体的部署，而运筹学则是在具体的微观层面提出战术安排，一个完美的策划案既要有宏观层面的总体部署，又要有具体执行过程中缜密的思考。以系统论为基础，用运筹学的思维方式进行项目的整体策划是策划克敌制胜的保证。

另外，此处对策划管理理论的讨论，其用意并不在于对系统论与运筹学进行深度研究，只要求学生在面对策划方案时能够站在更高的高度去理解策划方案的精髓，更好地打开方案策划的思路，提高策划方案的质量，最终实现策划的目标。

# 第2章
# 会展主办方的策划管理与运作流程

**本章导读**

　　会展策划是指对会展活动整体实施的计划作预先的考虑与设想，会展决策的形成过程，即是将会展目标逐步具体化的过程。本章主要从会展组织方的角度，分析了项目运作的基本流程，并对每个阶段设计师的工作内容和职责进行相关分析，从中了解会展项目策划管理过程中设计师所担任的职责和角色。本章具体分为以下小节：

　　（1）关于流程（2）会展活动的流程介绍

　　（3）市场调研与可行性分析（4）会展活动的初步策划

　　（5）项目申报与审批（6）项目深度策划与设计

　　（7）前期推广与招商方案策划（8）中期招展策划及管理

　　（9）布展与管理（10）开幕仪式策划及开展执行

　　（11）同期活动与展会管理（12）会展闭幕活动策划

　　（13）后续总结与跟踪服务（14）会展活动流程回顾与总结

　　（15）问题思考

# 2.1 关于流程

## 2.1.1 流程的概念

《牛津字典》里的解释，流程是指一个或一系列、连续有规律的行动，这些行动以确定的方式发生或执行，导致特定结果的实现。国际标准化组织 ISO9000 认证对流程的定义是："流程是一种将输入转化为输出的相互关联和相互作用的活动。"在实际的管理中，对于流程有很多种解释，概述起来即管理行动的路线，包括做事情的顺序、内容、方法和标准。

## 2.1.2 流程的四个要素

把流程理解为生产系统是片面的，仅停留在做事的顺序方面也是片面的，只有全面地理解流程，并将其进行完善，才能使各部门工作有效地进行。一般来讲，流程的完善主要包含四个要素：

### 1.顺序合理

流程无所不在，实际生活中更是有所体现。比如，把几套设备用陆路运输的方式从北京运到上海并组装，正确的运输顺序是：先用汽车运到北京火车站，装上火车，运到上海，再用汽车送到指定地点，最后用吊机送到指定位置。如果不按照这个顺序操作，就不一定能达到目的。

### 2.内容全面

内容是指事物内在因素的总和。同样是把设备从北京运到上海并组装，按照正确的顺序操作，但是设备缺少几个零件，最终设备依然不能组装起来。

### 3.方法恰当

方法一般是指为获得某种东西或达到某种目的而采取的手段与行为方式。如果设备按照要求应该在冷藏的情况下运输，但实际却在 20℃ 的情况下操作，结果很可能导致这些设备成为废品。

### 4.标准正确

标准是衡量事物的准则。做任何事情都要有标准，比如，运输设备，在装卸、搬运的过程中要轻拿轻放，否则也会使设备受到破坏。

想要组成一个完善的流程，内容、顺序、方法和标准涵盖了全部的内容，缺少任何一项，都会使之前的行为功亏一篑。

## 2.1.3 流程的作用

流程是多个人员、多个活动有序的组合，是企业价值的体现。流程主要有四方面的作用。

### 1.实现个人能力向组织能力的转变

流程可以把个人的优秀变成多人的优秀，再向组织能力进行转变。

### 2.权责明确，解放管理者

很多企业在员工较少的时候，工作进行得比较容易，当员工和部门增加以后，要协调完成一件事情，就会变得非常困难，很多领导只把 20% 的精力用在经营发展上，把 80% 的精力都用在处理协调会、层层请示、上报等日常事务上，最终导致企业效率低下。

### 3.精简非增值活动，提高工作效率

精简非增值活动，可以提高工作效率，通常涉及五个方面：消除重复劳动；消除等待时间；消除过量产出；消除不必要的审批和协调；消除缺陷、返工和故障。

### 4.增加回报率，提升企业效率

流程对效益的贡献是巨大的，企业增加回报率，会达到两方面的效果：投资回报大，效益提升快；流程形成，效益无穷。建立流程的最初阶段需要花费时间、人力、物力和精力，一旦建成，流程就会释放出巨大的能量，其回报率是无法想象的。

### 2.1.4 问题思考

1. 回顾一下自己的设计工作是否已经形成了最佳的流程。

2. 举出一个自己生活中通过流程提高效率的具体事例。

## 2.2 会展活动的流程介绍

规范的流程设计是会展项目高效执行的基本保证，流程设计与执行也是会展活动组织管理的重要内容。值得注意的是，会展活动的组织实施虽然有一定的流程框架作为参考，但实际组织执行过程，需要根据具体情况进行灵活调整。在具体项目运作过程中，由于会展项目本身的规模不同，各种执行团队之间的能力差异，流程的组织管理并不能千篇一律。一定程度上，项目执行过程中的灵活性正是项目管理者管理能力的具体体现。

作为会展的组织者，完成一个会展活动不仅需要有良好的活动组织运作能力，还要按照法定程序完成各个环节的具体工作。在会展活动策划执行过程中，根据不同阶段的工作内容，会有大量具有针对性的小型策划方案，如整体策划、营销推广策划、招商方案策划、开幕式方案策划、会议组织策划、各类晚宴活动策划以及闭幕式策划等。以上会展活动中的大量不同层级的策划内容，要有效地配合执行，必须遵循一定的流程。就会展项目而言，其基本流程如图 2-1 所示。

以上流程的简单逻辑是在市场具备可行性的前提下进行初步的项目策划，以初步的策划

- 市场调研与可行性分析
- 会展活动的初步策划
- 项目申报与审批
- 项目深度策划与设计
- 前期推广与招商方案策划
- 中期招展及管理
- 展期布展及管理
- 开展活动仪式策划
- 展期服务与管理
- 展会闭幕活动策划
- 后续跟踪与服务

图2-1 会展活动的基本流程

案报主管部门审批立项，立项之后进行深入策划与设计，在此基础上进行招商招展活动，招展完成进行布展与开展的准备，展览开始，开展期间主办方需要对参展商进行综合管理与服务，并保证展览会的顺利进行，展期尾声准备闭幕等相关事宜，展览结束后持续进行后期跟踪与服务。

# 2.3 市场调研与可行性分析

会展项目的市场调研是收集整理当地各项基本条件，如城市交通、经济实力、产业环境、信息环境、城市综合影响力等，因为这些都是影响会展活动成败的重要因素。在会展活动前期的调研中，通过对以上内容的整理与分析，最终目的是形成在此地举办某一类型会展的可行性分析报告。通过调研，如符合举办某一会展需要具备的基本条件，即可以进入下一阶段的初步策划。

## 2.3.1 基础调研的类型

明确调研的目的才能选择合适的调研方法，就调研的目的来讲可以分为两种主要的情况，一是为解决某一具体问题而进行的针对性的调研；另外一类是非直接性目的的调研活动。以广告媒体的特性调研为例，在会展活动中，通过对参展企业获知参展信息的统计调研，可以发现哪些媒体对会展的推广更加有效，进而可以对会展的推广策略制定提供依据，选择更加有效的宣传媒体。这种以直接目的进行的调研称之为直接目的性调研。

而同样是针对媒体的某些调研却并没有直接目的，如由某些专业调研公司对电视收视率或报刊受众媒体的调研分析，其本身没有直接的目的性，并不是直接为某项目决策而展开的调研，但是其调研数据仍会间接影响其他企业和某些项目的决策，这类基础性的调研可归结为非直接目的性的调研。无论哪种调研，都会对策划活动产生不同程度的影响。

## 2.3.2 市场调研的基本方法

基础调研的方法就是为得到某一结果所需要的基本途径，一般可以将其分为定性和定量调查两大类型，其中涉及的方法见表2-1所列。

一般市场调查的方法及主要内容　　　表2-1

| 调查方法 | 主要形式 | | | | | | |
|---|---|---|---|---|---|---|---|
| 定性调查 | 小组座谈 | 深度访谈 | 专家意见法 | 投影法 | 观察调查 | | |
| 定量调查 | 实地考察统计 | 电话调查 | 神秘顾客 | 入户访问 | 拦截访问 | 邮寄调查 | 网上调查 |

小组座谈会的调查目的在于了解被访问者对一种产品、概念、想法或者组织的看法，从而获取对有关问题的深入了解，常用作产品研发方面。

深度访谈（In-depth Interview）的原意是访问者与被访问者一对一的深入会谈。一个技巧熟练的访问员应经过相关方面的严格培训，通过对被访者的访问，揭示某一问题的潜在动机、信念、态度和感情。

专家意见法（也称德尔菲法，Delphimethod），它是20世纪60年代由美国兰德公司引进的。专家意见法是采用函询或现场深度访问的方式，反复征求专家意见，经过客观分析和多次征询，逐步使各种不同意见趋于一致，一般要通过几轮征询才能达到目的。

投影法（PTM）源于临床心理学，目的是通过一种无结构、非直接的询问方式，激励被访者将他们隐藏在内心深处的潜在动机、态度和情感进行真实的表达。实际上，投影技法是穿透人的心理防御机制，使真正的情感和态度浮现出来的一种技术。一般做法是，访问者给被访问者一个无限制的并且是模糊的情景，并要求被访问者做出反应。由于情景模糊，因此被访问者将做出的是根据自己偏好的回答。

电话调查是 20 世纪 90 年代最流行的市场调查技术方法，主要是利用电话作为媒介与被访者进行信息交流，从而达到资料收集的目的。优点是费用低且能够获得高质量的访问样本。缺点是使用范围有限，被访问者不容易被甄别造成客观性较差，不适合复杂内容的调查。

神秘顾客法要求调查员必须经过严格培训，在规定或指定的时间内扮演成顾客，对事先设计问题或者现象逐一进行评估。由于被检查或评定的对象事先无法识别或确认"神秘顾客"的身份，故该调查方式能真实、准确地反映客观存在的问题。

入户访问是指被访问者在家中（对企业用户是在单位中）单独接受访问的一种调查方式，按照事先规定的方法，选取适当的被访者，依照问卷或调查提纲进行面对面的直接提问，问卷可为访问式、自填式问卷，问题可是封闭式或开放式。优点是可以对复杂问题直接得到反馈，访问质量较高，所获得的信息真实可靠，客观性强；缺点是受访对象越来越少，被拒访率高。

拦截访问通常有两种形式：一是访问员在事先选定的若干地点，按一定程序和要求（如每隔几分钟拦截一位，或每隔几个行人拦截一位），在征得对方同意后，在现场按问卷进行简短的调查；另一种叫中心地调查（Central Location Test）或厅堂测试（Hall Test），是在事先选定的若干场所内，租借好访问专用的房间或厅堂，根据研究要求进行访问。优点在于相比入户而言费用低；不足之处是访问地对访问样本的代表性有一定的局限性且拒访比例较高。

邮寄调查通常有两种方式，留置问卷调查和固定样本邮寄调查。该调查技术主要应用于对时效性要求不高、样本框较齐全、调查内容较多、调查问题较敏感的项目。优点是高效便捷；缺点

是由于没有调查员的指导，所获信息不够全面，同样拒访率高，信息误差较大。

网上调查方式是伴随互联网发展而出现的新的调查技术，这种技术同传统的调查方式相比具有较多优势：节省问卷印制、邮寄和数据记录过程；可以提高回收的速度和扩大回收的样本量；节约调查的费用；可以吸引更多的人参与；不受地点限制，适合全球性调查。其不足之处包括：被调查者的分布不均匀，被调查人群有相对集中的现象；伴随着互联网安全性问题，网上调查也存在着安全性问题；由于互联网的开放性，被调查者资料的真实性受到质疑；无法避免可能出现重复问卷问题。

### 2.3.3　调研数据的整理分析

所谓市场调研资料的整理，就是指运用科学的方法，对调查所获得的各种原始资料进行审核、分类处理和加工综合，使之系统化和条理化，从而以集中、简明的方式反映调查对象总体情况的工作过程。调查过程中常用以下方法进行综合分析。

归纳法：以分类基础资料为中心，归纳概括出一些理论观点。

演绎法：指把调查资料的整体分解为不同类别的分组内容，并通过对这些分组资料的研究把握事物的特征和本质。

比较法：把两类资料进行比较，从而确定它们之间的异同点。

结构法：通过分析某一现象的具体结构和功能，进而认识这一现象的本质。

### 2.3.4　调查的基本原则

基于以上各种调查方法的优缺点，对调查工作而言，要遵循以下几个原则：

（1）客观性原则。即收集资料、分析资料以及得出结论都不掺杂研究者的主观因素。

（2）科学性原则。指调查研究必须借助各门科学研究的有关成果而建立起来的具有自我规律的体系。

（3）系统性原则。即要求调查研究要从系统的角度出发，适应对象的特点。

## 2.3.5 会展可行性报告的基本框架

《会展项目立项可行性研究报告》要对会展立项是否可行作出系统评估和说明，并为最终会展的举办提供改进依据和建议。因此，报告内容主要包含以下几个方面：

### 1.市场环境分析

主要包含宏观和微观市场分析以及市场环境评价三个主要方面。宏观市场环境包括人口、经济技术、政治法律以及社会文化环境等；微观市场环境包括办展机构内部环境、目标客户、竞争者、营销中介、服务商以及社会公众等；市场环境评价主要运用SWOT分析法，即内部优劣势、外部机会、外部威胁的分析。

### 2.会展项目生命力分析

会展项目生命力分析主要包括项目发展空间、竞争力以及办展机构优劣势分析。项目发展空间即分析会展所依托的产业空间、市场空间、地域空间、政策空间等；项目竞争力包括会展定位的号召力、办展机构的品牌影响力、参展商和观众的构成、会展价格与服务等；办展机构优劣势分析主要指办展机构的综合实力以及所掌握的客户信息资源等。

### 3.会展执行方案分析

执行方案分析主要指对会展的基本框架和招商招展以及宣传推广计划进行分析与评估。

会展的基本框架评估：主要包括会展名称和展品范围、会展定位之间是否有冲突；办展时间、办展频率是否符合展品所在产业的特征，比如春

秋两季还是一季；举办地点是否在该展品集中的产业集聚区；在该产业中能否举办如此规模和定位的会展；会展的办展机构在计划时间内是否有能力举办如此规模和定位的会展；办展机构对展品所在产业是否熟悉；会展定位与会展规模之间是否有冲突等。

招展招商和宣传推广计划评估：主要包括招展计划评估（针对参展商的商业计划）、招商计划评估（针对赞助商的商业计划）、宣传推广计划评估（针对会展品牌推广的商业计划）三个主要方面。

### 4.会展项目财务分析

财务分析主要体现在以下五个方面：

（1）价格定位，展位价格的具体制定。

（2）成本预测，一般包括场地租赁费（包括展览场地租金、展馆空调费、展位特装费、标准层搭建费、展馆地毯及铺设费、展位搭装加班费等）；会展宣传推广费（包括广告宣传费、会展资料设计和印刷费、资料邮寄费、新闻发布会的费用等）；招展和招商费（包括基础资料和活动经费）；相关活动的费用（包括技术交流会、研讨会会展开幕式、嘉宾接待、酒会、会展现场布置、礼品、会展临时工作人员费用等）；办公费用和人员费用（办公用品和人员工资）；税收（国税和地税）；其他不可预测的费用等。

（3）收入预测，举办一个会展的收入一般包括：展位费收入；门票收入；广告和企业赞助收入；其他相关收入等。

（4）盈亏平衡分析，对举办会展的盈利情况进行总体评估。

（5）现金流量分析，对会展需要的现金流量进行总体预估。

### 5.风险预测

举办此次会展可能存在的风险，具体包括以下几个方面。

（1）市场风险。

（2）经营风险。

（3）财务风险。

（4）合作风险。

**6.存在的问题**

除通过以上可行性分析发现的各种问题，还包括研究人员在可行性分析以外发现的其他问题。

**7.改进建议**

针对上述问题，提出会展项目立项策划案的改进建议，指出该会展应该努力的方向等。

**8.努力的方向**

根据会展的办展宗旨和办展目标，针对存在的问题提出需要具备的其他条件和努力方向。

以上是会展项目可行性方案撰写的基本框架，一份完整的市场调研及可行性报告必须能够全面反应会展项目面临的各类问题、优劣势以及其他相关的具体问题。由于报告的核心内容在于可行性，因此本部分重点的内容应该主要集中在市场环境分析和会展项目生命力分析两个方面，

这是本报告的核心价值。

## 2.3.6 本阶段的设计工作

通过对可行性报告框架的简单分析可以看出，根据报告需要解决的根本问题（项目的可行性），作为项目前期调研阶段，虽然基本没有对会展项目本身的设计任务，但是针对调研报告文本仍然需要进行一定的设计，通过对报告文本的设计，可以进一步理清并清晰表达出报告研究的主要内容，具体包括整体的装帧设计（封面、目录、内文、图表、插图及整个版式布局的设计）。整体来讲，一份设计严谨、信息逻辑结构清晰的设计，会极大地提升报告的整体质量。报告设计的相关内容如图 2-2 所示。

图2-2 优秀设计带来报告整体质量的提升

市场调研报告的框架结构和设计要点：

（1）标题/封面（报告主题）。

（2）目录（正文结构）。

（3）研究结果摘要。

（4）正文（版式与图表设计）。

（5）结论和建议。

（6）相关附件。

研究报告设计的要点：

封面设计需要直观体现报告的主题内容；目录设计需要结构清晰，严肃严谨；版式设计要求简洁；图表设计要求形象生动，能够辅助内容的高效传达；整体设计要求色调统一且富有变化。

对设计师而言，这一阶段的研究虽然没有过多涉及会展活动策划的核心概念（比如某主题

展或某博览会），但就整个会展活动而言，对举办城市的交通环境、产业环境以及城市影响力的理解，会为设计师进行项目的表现奠定良好的基础，最起码让设计师对在此地举办此次会展充满信心，如果设计师本身都对项目的可行性产生怀疑，则很难在后续的设计过程中对项目充满激情。设计作品要感动别人，首先要感动自己，如果设计师自身对会展都不能认可，还何谈感动自己，更如何去感动他人（参展商）呢？

因此，设计师对可行性报告的解读与把握，其目的即是对会展项目本身进行充分的理解与认知，确定对会展项目的信心，并配合项目团队完成相关的设计工作。

# 2.4 会展活动的初步策划

会展的初步策划主要根据前期调研的结果，确立会展的主题名称、举办时间以及相关参与单位等，在初步策划中需要明确举办此次会展的基本计划（即日程表）。通过对整个会展活动举办过程的具体描述，为项目的立项与审批做准备。

## 2.4.1 会展策划文本的结构框架

所谓会展策划文本就是根据掌握的各种信息，对即将举办的展览会的有关事宜进行初步规划，设计出展会活动的基本框架，提出计划举办的展览会的初步内容。主要包括：会展名称和地点、办展机构、展品范围、办展时间、会展规模、会展定位、招展计划、宣传推广和招商计划、会展进度计划、现场管理计划、同期活动计划等。

会展策划文本全面反映了会展的方方面面，了解掌握会展策划文本的框架结构不仅仅对策划方案的撰写工作有指导作用，更会对快速消化与深入理解会展策划案具有重要意义。一般会展策划案的内容框架主要包含以下几个主要部分。

**1.会展基本信息，对会展的大致情况进行总体描述**

（1）会展概况（会展基本信息如名称、时间地点、规模大小、主办单位、协办单位、支持赞助单位等）。

（2）组织结构。

（3）参展范围（会展展示的主要产品种类）。

（4）会展交通信息（展览场馆所处的位置和前往展馆的主要交通方式）。

（5）大型参展商（会展行业内具有影响力的企业产品品牌）。

**2.会展可行性分析，论证会展项目的可行性**

（1）市场环境分析。

（2）宏观环境（行业发展和政府指导政策方面）。

（3）微观环境（行业区域发展的状况）。

（4）SWOT分析（本届会展的优劣势分析）。

**3.会展进度表，举办会展的初步计划**

（1）会展总体进度安排（含招商、布展、开展等主要内容）。

（2）会展日程表（会展开展后的日程安排）。

**4.宣传推广方案，会展项目推广的初步规划**

（1）初步形象设计。

（2）各类物料的设计方案。

（3）媒体选择与广告投放方案（针对参展商和参观者）。

**5.招商计划方案，赞助商的招商**

（1）制定招商政策。

（2）确定招商程序。

（3）实施招商。

**6.会展现场活动**

（1）活动目标。

（2）相关活动计划。

（3）媒体组织。

**7.预算，举办会展的综合效益分析**

（1）成本，主要包括展览场地及相关费用、宣传推广相关费用、招展与招商费用、筹备相关费用、其他相关费用。

（2）效益点．

（3）利润预测。

（4）利润点挖掘。

值得注意的是，在会展策划案的撰写过程中，虽然具有常规的内容框架结构，但这并不是所有的策划案必须遵循的，不同阶段的策划案其重点也不尽相同，初级阶段的策划案多重于会展主题，中期策划案重于可行性分析，而深度策划案则重于对具体活动的细节制定详细的计划等，这就要求我们在对具体策划案进行解读时要有的放矢，培养快速抓住策划重点的能力。

## 2.4.2　案例链接

### 春煦巴黎　花样人生
#### ——××春季嘉年华会展策划方案

会展经济，是通过举办各种形式的展览、展销，带来直接或间接经济效益和社会效益的一种经济现象和经济行为。会展经济是市场经济发展到一定阶段的产物，也是市场经济竞争中对信息交流的迫切要求。

不管你留意未留意，各种名义（诸如房博会、汽车展）的会展业已大步走进我们的日常生活。"会展经济"已被视为城市经济增长的"助推器"。

春暖花开，万物复苏，又是一年播种希望的日子，对于企业来说，也是振作精神，一展宏图大志的好时间。现在，万众期待的"五一黄金周"即将来临，人们休闲购物的黄金潮又将再一次涌动，对于大型会展活动的期待与关注的热情将再一次升温。因此，临近"五一"可以说是各位商家不可错过的机遇，既是举办各类促销活动的黄金时间，也是商家占领市场、扩大份额的最佳时机。

以"春煦巴黎，花样人生"为主题的非常艺廊·雅居春季嘉年华，就是借黄金周的东风，探索会展经济的新路子，为商家搭建一个可以共享的平台。在这个平台，既可以演出各种精彩的文艺节目，大大丰富人们的业余生活，为各位商家建立一个亲民、爱民的形象，进一步提高商家的美誉度；又可以聚集人气，形成旺盛的卖场，刺激人们的消费，促进销售。

1. 活动概述

本次活动设置两大区域：商品展示区和休闲娱乐表演区。商品展示区用于商家商品展示、商品交易；休闲娱乐表演区用于举办各种娱乐活动、抽奖、游戏。

2. 活动主题

春煦巴黎，花样人生。

主题解析：

（1）暗含"巴黎"与"花样"，组合而成"花样巴黎"，巧妙地点明活动地点；

（2）"春煦"二字，点明活动时间为春季，迎合活动地点——"花样巴黎"的推广氛围——浪漫主义情调；

（3）能够表达出参展商参与活动的喜悦心情；

（4）格调高雅、抒情、生动，易于传播，影响深远。

3. 活动目的

本次活动需达到如下几点目的：

（1）营造优雅生活品位；

（2）培育业主身份尊崇的心理；

（3）满足业主日常生活的需求；

（4）传播最新动态信息；

（5）树立艺廊装饰良好的企业形象。

4. 活动时间与地点

活动时间：2005 年 4 月 23 ~ 24 日或 5 月黄金周

活动地点：待定

5. 合作与活动方式

大型嘉年华会，融商品展示与休闲娱乐于一体的大型会展活动。

联合协办单位为各参展商，诸如家居类——装饰装修、建材、家具销售、窗帘布艺、园林绿化等公司；家电类——家电广场、空调、音响、电脑等公司；生活类——通信、饮水、学校、车辆、服饰、保险等公司等。

6. 推广与招商方案

招商日程安排：

方案确定后至活动举行前一天（拟于 4 月 10 ~ 22 日）。

招商对象：

家居类——建材、家具销售、窗帘布艺、园林绿化等公司；

家电类——家电广场、空调、音响、电脑等公司；

生活类——通信、饮水、学校、车辆、服饰、保险等公司。

以上招商在执行过程中保持同类企业的惟一性。

参展数量与形式：

参展商总量保持在 15 家左右，参展商可以进行实物展销、形象展示，在参展过程中要体现出现场促销的"实惠性"，确确实实为业主和前来参与活动的其他客户提供与其他时间相比的"实惠"，竭力促进现场成交，活跃现场气氛。

促销手段视商家的具体情况而定，但要求，每位参展商必须提供 50 份价值 50 元的礼品，以便现场活动免费赠送给业主和观众。

7. 活动内容及安排表

活动的安排必须制定详细的计划，并在实施过程中严格控制各环节规定的时间（表 2-2）。

活动内容及安排表（可视具体情况进行调整）　表2-2

| 序号 | 日期 | 活动时间 | 活动内容 |
|---|---|---|---|
| 1 | 4月23日 | 9：30—9：35 | 主持人宣布参展名单，介绍活动内容 |
| 2 | | 9：35—9：45 | 参展商讲话，推介产品及服务 |
| 3 | | 9：45—12：00 | 大型舞蹈 |
| 4 | | 12：00—14：50 | 节目演出，包括房模、车模表演，烧烤，小吃，互动游戏，钢琴演奏，大型舞蹈，男女声独唱与合唱 |
| 5 | | 14：50—15：15 | 互动游戏 |
| 6 | | 15：15—15：30 | 与您有礼大抽奖活动 |
| 7 | | 15：30 | 产品拍卖 |
| 8 | 4月24日 | 9：30—9：35 | 宣传活动开始 |
| 9 | | 9：35—9：40 | 参展商讲话，推介产品及服务 |
| 10 | | 9：40—11：40 | 节目演出，包括房模、车模表演，烧烤，小吃，互动游戏，钢琴演奏，大型舞蹈，男女声独唱与合唱 |
| 11 | | 11：40—13：00 | 产品拍卖 |
| 12 | | 13：00—13：05 | 互动游戏 |
| 13 | | 13：05—15：50 | 节目演出，包括房模、车模表演，烧烤，小吃，互动游戏，钢琴演奏，大型舞蹈，男女声独唱与合唱 |
| 14 | | 15：50—16：00 | 与您有礼大抽奖活动 |

8. 节目、活动说明

（1）产品推介：按规定每位参展商有 5 分钟时间在中心舞台进行产品或服务介绍，说明优惠措施。

（2）产品拍卖：每位参展商提供 1 件产品，

1 元起拍，按最高价成交．

（3）互动游戏：对对碰，成语接龙，送礼品，由参展商提供，奖励参与者。

（4）现场游戏：飞镖、寻宝。

（5）烧烤与小吃：免费提供烧烤和美食，供观众享用。

（6）与您有礼大抽奖：统一制作认购、定购产品书，按编号抽奖，设置奖励视情况而定。

（7）表演活动：以上只是界定表演方向，即基本内容，待方案确定以后，再提供详细节目单，供主办方和协办方确认。每场节目、每天节目内容不同，演出演员不同。

### 9. 活动现场布置

活动现场由三大区域组成，一是表演区，二是展销区，三是游玩区。

表演区设置中心舞台，含舞台、双拱、背景板、音响、地毯。

展销区分列表演区左右，每展区按标准设置，规格 3m×3m，提供间隔屏障和配套桌椅一套。

游玩区设置烧烤、小吃品尝区和自助游乐区，规格 3m×3m。

周围环境渲染安排 8 个空飘。

具体现场效果图待整体方案确定以后另行提供，此处从略。

### 10. 可行性分析

（1）感召力空前

本次活动决定了本次会展活动的影响力与感召力必定会达到一个最高峰，同时，也为众商家提供了一个提升档次与品位，增进可信度、美誉度的绝佳机会。

（2）十多个相关行业联展

本次活动整合了房地产、装饰装修、建材、汽车、家电等十多个行业，组成产业优势资源联合参展。这样，既避免了单个行业促销冷场的局面，又不会造成相关目标消费群的流失。

（3）会展传播影响力久远

本次活动的举办，整合各行业优势，启动房地产、汽车消费市场，拉动内需，促进经济增长。凡参展商均可共享这一传播效应，达到推广企业形象宣传之目的。

（4）群星荟萃，精彩无限

为期两天的会展活动，不仅有歌舞的精彩演绎，还有有趣的各种游戏，另外还专门邀请了乐队、劲舞组合，让观众的激情得到无限升温。一系列丰富多彩的节目，让人们看得开心，玩得开心。除此之外，还为每一个参赛者准备了丰富的奖品及精美的纪念品，互动参与性强。

### 11. 活动经费预算

（1）活动经费由以下几部分组成：

1）宣传费用总共约 5 万元；

2）现场布置费用（包括舞台、空飘、音响、背景板、展位布置等）约 3 万元左右；

3）演出费用，每天预计 1 万元，2 天合计约 2 万元左右。

总计约：10 万元

（2）费用分摊：

艺廊装饰投入 3 万元，用做活动启动资金。

其他参展位按 15 个展位预计，每展位收取 6000～10000 元的展位费。

整体方案策划案来源：广州市智勇广告

### 12. 策划案总结

以上案例按照会展策划活动的基本框架进行了全面的阐述，对初步策划案而言，其在体量上相对较小，在每个执行环节并没有进程具体展开，这也是初步策划案的显著特点。之所以只是纲要性地对活动进行总体描述，这是由初步策划案的基本功能决定的。会展活动的初步策划案，其根本功能并不在于具体指导会展活动的执行，而是为会展项目的立项提供基本的材料，如果对执行细节过多地展开，反而会难以捕捉到活动的要点。就初步策划案而言，需要重点关注的是会展活的动主题、确定主题的基本原因（或理由）、展会举办的必要性及原因分析、展会由哪些单位发起执行等。其他具体的活动安排和计划可以放在相对较为次要的层次，也是后期深化阶段需要进行把握的重点。

### 2.4.3 本阶段设计工作

作为项目申报的主要材料，项目的初步策划案需要进行必要的设计与包装，不仅仅是文本规范性的需要，也是为了更好地阐述方案的内容，因此本阶段的设计工作仍然主要集中在策划文本的内容设计上。

### 2.4.4 问题思考

1. 请用最简洁的语言，全面、有重点地对上面的策划案例进行描述，要求不超过 500 字。

基本思路：

何时何地举办什么主题的展会，为什么要举办，举办的必要性、可行性，为了使活动更好地开展，还要同期举办哪些相关活动等。

2. 为了做好初步策划报告的设计，设计师需要重点关注理解哪些方面的具体内容和信息？

## 2.5 项目申报与审批

### 2.5.1 组展单位资格

由于会展产业在我国发展较晚，直到 20 世纪 90 年代，才陆续出台相关规定，明确了我国会展组展单位的基本资格。

**1. 出境组展单位资格**

《关于审核出国（境）举办经济贸易展览会组办单位资格的通知》以及《出国举办经济贸易展览会审批管理办法》对出国（境）举办经济贸易展览会组办单位的资格做了明确的规定。

（1）企业

具有独立企业法人资格，具备承担举办展览的民事责任能力和组织招商能力；设有专门从事办展的部门或机构，并有相应展览专业（包括策划设计、组织、管理及外语）人员，具有完善的办展规章制度；具有境内举办对外经济技术展览会主办单位资格；具有因公临时出国（境）任务审批权；获得流通领域进出口经营权 5 年以上，且上一年度进出口额达 1 亿美元以上。

（2）事业单位和社会团体

成立 3 年以上，具有独立的事业法人或社团法人资格，具备承担举办展览的民事责任能力和组织招商招展能力；设有专门从事办展的部门或机构，并有相应展览专业（包括策划设计、组织、管理及外语）人员，具有完善的办展规章制度；开办经费或注册资金不少于 300 万元人民币；具有行业代表性；具有境内举办对外经济技术展览会主办单位资格；事业单位或社会团体本身或其上级主管部门具有因公临时出国（境）任务审批权。

以上是有关出国组展单位的资格和相关条件，其他有关对我国台湾地区的会展活动，以及国外单位来华办展的组展单位都有详细的规定和要求，其审批主管单位也存在着一定的不同。

**2. 国内组展单位资格**

国内组展单位需要具备以下条件，相对而言较为宽松。

（1）具有法人资格，能够独立承担民事责任。

（2）具有与展销规模相适应的资金、场地和设施。

（3）具有相应的管理机构、人员、措施和制度。

## 2.5.2 会展项目的申报（境内外）

**1.向主办单位的主管部门申报**

1996 年 1 月，对外贸易经济合作部颁布的《各类商品和技术交流活动管理试行办法》中规定，对展销会的申报：

（1）商务部（原对外贸易经济合作部）下属的各级及各类贸易主管部门或单位举办的各类展销及交流活动，必须报送国内贸易局进行归口和计划审批。

（2）举办全国综合性的技术展销交流活动，需于筹展前半年向科技部提出申请。

（3）赴国（境）外举办各类商品、技术展销交流活动，由申办单位提出方案报综合计划司，经部领导批准后，按《关于出国（境）举办招商和办展等经贸活动的管理办法》办理。

（4）其他部门或地方举办的有关展销交流活动，凡邀请我部以国内贸易局名义协办、名誉赞助的，主办单位应提出书面申请并提供有关的交流活动资料，由综合计划司向有关司局提出审核意见，报部领导批准后正式函复邀请单位。

**2.向会展举办地工商行政管理机关申报**

会展活动需向举办地的各级工商行政管理机构申报。

（1）举办单位应当向举办地工商行政管理机关申请办理登记。

（2）县级人民政府举办的展销会，应当向举办地地级工商行政管理机关申请办理登记；地、省级人民政府举办的商品展销会，应当向举办地省级工商行政管理机关申请办理登记。上一级工商行政管理机关可以委托举办地工商行政管理机关对商品展销会进行监督管理。

（3）对于异地举办商品展销会的，经申请举办单位所在地工商行政管理机关核准，依照以上规定向工商行政管理机关办理登记。

## 2.5.3 申报应提交的材料

根据申报要求，申报单位需要向各级主管部门提供以下材料。

（1）证明举办单位具备法人资格的有效证件。

（2）举办商品展销会的申请书。内容包括展销会名称、起止时间、地点、参展商品类别、举办单位银行账号、举办方负责人员名单、联系电话及筹备办公室地址等。

（3）商品展销会场地使用证明。

（4）商品展销会组织实施方案。

（5）其他文件。

举办一般规模的会展活动应提前 6 个月申请报批，举办规模较大的会展活动应提前 12 个月申请报批。

## 2.5.4 审批程序

**1.出国办展的审批管理**

（1）审批管理部门

2000 年末，国务院颁布《国务院办公厅关于出国举办经济贸易展览会审批管理工作有关问题的函》：从 2001 年 1 月 1 日起，各地出国办展一律由贸促会会签外经贸部后审批；贸促会代表国家出国办展。

（2）审批和备核的程序

2001 年，国家贸促会、外经贸部联合下发《出国举办经济贸易展览会审批管理办法》：

1）赴展览会集中举办国和未建交国家办展，实行审批管理；赴其他国家（以下简称备核管理国家）办展，实行备核管理。

展览会集中举办国包括德国、意大利、法国、英国、西班牙、瑞士、俄罗斯、以色列、阿联酋、日本、韩国、泰国、新加坡、埃及、南非、美国、澳大利亚等。

2）赴审批管理的国家办展，组展单位应在每季度头2个月且不迟于展览会开幕前6个月向贸促会报送办展计划，并填写出国办展申请表。

3）贸促会于每季度最后一个月对组展单位报送的办展计划进行审批，并核发出国办展批准件。

4）贸促会审批出国办展计划前，将拟审批同意的计划送商务部会签。赴未建交国家办展计划同时送外交部会签。

5）赴审批管理国家办展，组展单位还应在开幕前3个月内向贸促会报送参展人员复核申请表。

6）赴备核管理国家办展，组展单位应至少在开幕式前3个月报送办展计划，并填写出国办展申请表。

7）各级外经贸主管部门凭贸促会核发的出国办展批准件或出国办展备核件，核发展品出境有关证件。

8）各级外经贸、外事、外汇管理部门和外汇指定银行凭贸促会核发的参展人员复核件或出国办展备核件，办理参展人员出国、外汇使用及核销手续。

**2.境内办展的审批管理**

（1）项目审批单位

2004年2月19日，海关总署和商务部联合发文《海关总署、商务部关于在我国境内举办对外经济技术展览会有关管理事宜的通知》：

1）展览面积在1000$m^2$以上的对外经济技术展览会，可实行分级审批管理。

2）面积在1000$m^2$以下的，具有对外经济技术展览会主办资格的单位，可自行举办，但需报有关主管单位备案，海关凭主管部门备案证明办理相关手续。

（2）审批程序

1）主管部门的审批，《各类商品和技术交流活动管理试行办法》（主要针对商务部及各所属下级分支）。

2）当地工商行政管理部门的审批，主办单位在会展举办之前向当地工商行政管理部门进行申报。工商行政管理部门收到申请，15日内给予决定。准予登记的，发给《商品展销会登记证》。登记证应当载明商品展销会名称、举办单位名称、负责人、商品类别等。

3）举办单位领取《商品展销会登记证》后，方可发布文告，进行招商。

以上为有关出境及在我国境内办展的审批情况和程序。对我国台湾地区的办展审批程序另有规定。

# 2.6 项目深度策划与设计

对于已经获批的会展项目，其接下来的工作重点是组织团队对前期的整体初步策划方案进行深化。在本阶段中，设计团队将作为主要力量加入到整个项目的运作过程，方案深化阶段需要在已经确定的主题基础上，进一步明确会展举办的时间与地点，并对整个展馆环境进行深入考察，从而对会展的规模进行整体定位。会展涉及的相关活动也需要进一步地进行细化，策划案的体量也较前期的初步策划更大，从而为会展活动的具体执行奠定良好的基础。

## 2.6.1　会展策划的关键点

会展策划方案是一个会展的"眼睛"，会展组织者通过它培育和挖掘市场，而市场透过这个"眼睛"看效益。

一个优秀的会展策划方案不仅体现了会展组织者组织会展的目的，更重要的是通过它来吸引广大商家参展、参会。从某种意义上来说，策划方案就是一座桥，一头连着商家、采购商，一头连着会展组织者。组织者要通过这座桥把商家、采购商等邀请过来，商家、采购商等要跨过这座桥才能更好地触摸市场，由此可见，一个策划案对组织好一个会展是多么重要。对会展组织者来说，一个优秀的会展策划案要把握和处理好如下四个关键点：

### 1.充分体现高度

这里所说的"高度"，最基本的要求是要符合政策及各项规定，会展组织者首先要看到市场潜力，但"市场"如何进行开发就要靠"政策"来衡量和把握。此时，需要组织者充分查阅国家的相关规定和文件，可以大量引用或转述国家对该产业发展的态度和意见，通过引用、转述和深度理解的方式，让会展策划案合法化、合理化、合情化。合法意味着国家允许，有关部门就没有理由阻拦；合理意味着应该组织这样的展会；合情则意味着展会符合当地发展的基本状况，有利于当地产业和经济的发展，也说明有可能得到有关部门的支持。所以，"高度"很重要。而提高高度的政策来源主要有，国家和地方五年发展规划纲要；有关会展涉及的产业发展政策（如意见、办法、纲要、通知等）；重要专项会议上做出的工作部署和重要讲话精神；国家和地方的"两会"文件等；还包含国家和地方主要领导的有关指示和批示等。

### 2.解决"市场"问题

这是一个会展活动能否取得成功的核心，参展商参加会展能够获得何种收益、有什么样的回报、专业观众又会得到什么样的信息，这是整个会展策划要围绕的核心。好的策划案可以巧妙地解答以上的疑惑。会展策划案是参展商、专业观众了解会展的第一个"窗口"，能够最大程度地体现会展的权威性、可信度以及会展组织者的水平。为了实现参展商的根本利益，专业观众的组织便是实现参展商利益的重要内容之一。

市场问题的第一个方面是专业观众的组织问题，它在一定程度上代表着一个会展的质量，这是因为只有专业观众才能给参展商带来更多的经济收益，太多圈外人士的到访会增大参展商的工作量，也会减少接触专业客户的几率，并且大量宣传资料的发放也会加大参展商的推广成本。因此，策划案中要充分说明对专业观众的宣传力度和详细方案，如专业观众的组织手段、途径、方式等。

市场问题的第二个方面是大型企业的引领作用，一个展会的影响力很大程度上体现在是否有业内大型企业的参与（如有多少家世界 500 强企业、有多少家大型跨国公司、有多少家国内业界龙头企业等与会，因为只有大型领先企业的参展才能带来行业内最先进的产品和技术）；会展组织者如何保证以优质服务协助专业人士采购到他们所需的物美价廉的产品；业内专业高峰会议组织情况（比如有哪些权威领导、专家发布权威报告）等。

市场问题的第三个方面是展会已经具备的行业影响力和相关部门的重视程度，具体表现在展会在业界内的口碑与影响、与会专家和领导的分量等，因为这些都会给参展商参加展会带来信心。

### 3.注意法律问题

众所周知，由于我国目前会展市场缺乏成熟的监管体系，会展市场并不十分规范，部分企业为了实现利益最大化，盲目地对会展活动进行夸大宣传、虚夸会展规模、影响，虚报会展数字，虚列中央、省、市政府部门和机构为会展支持单位，向参展商、与会观众等承诺其他服务项目，这些都是不良事件的导火索，十分容易引发双方纠纷。总结全国媒体报道的相关案例，结合业界人士的相关研究，会展上"涉法"法律问题，大多数都出在会展组织者身上。所以，做一个优秀的会展策划方案，文字表述既要充分表达组织者的战略意图，又不能措辞模糊而留下法律纠纷的隐患。

#### 4.创新问题

当前会展的举办数量和频率较高，如果在一个城市或一个区域同时举办两个或两个以上的同类展会，其创新问题就显得格外重要。同类型会展的重复举办既不利于会展影响力的扩大，也会分散参展企业的集中程度，对参展企业、组展企业甚至专业观众都会产生负面影响，因此作为会展组织单位，应在会展主题上保持创新意识，不能一味沿袭以往类似主题重复组展，只有具有创新的会展主题才能形成良好的会展品牌，才能有利于满足各方利益，从而整体上推动社会经济的发展。

### 2.6.2　项目深度策划案的特点

作为实施阶段的策划案，其与早期的初步策划存在着很大的不同，具体如下：

（1）对项目的未来预期更加准确，具体表现在对会展规模大小的控制、财务收支平衡预算等方面。

（2）对活动可行性有更加详细的规划，如推广方案、招商方案以及宣传方案的具体执行计划等，这一阶段每一项活动均需要完成相对独立的策划案。

（3）对可能出现的意外情况给予更加缜密的思考，尽可能防止意外情况的发生，并做好充分的应对措施。

### 2.6.3　案例链接

#### 2011××国际车展策划案

本方案为深化阶段的策划案，作为典型的深度策划案，其最明显的特征是每一部分都进行了具体展开，特别是日程计划表的制定已经可以指导会展各项活动的具体执行。本方案包含以下几个部分：

（1）会展项目立项及可行性研究；

（2）会展执行方案；

（3）会展赞助商招商方案；

（4）会展营销宣传策划案；

（5）会展招展策划案；

（6）会展同期活动策划案；

（7）会展现场管理计划案；

（8）会展财务预算计划案；

（9）会展应急预案；

（10）案例总结；

（11）问题思考。

1.会展项目立项及可行性研究

（1）市场环境分析

1）目前国内汽车市场总体情况分析

① 2009 年实现汽车产销 1300 万辆目标已成定局,暂列世界第一,美国产销未过 1000 万辆,日本也仅有 6 ～ 7 百万辆。 2010 年 1 ～ 10 月,全国限额以上企业商品零售额达到 4.6 万亿元,其中汽车的零售额 1.3 万亿元,占到 28%。中国新车销量与美国比,已经拉开了距离,成为世界第一大新车市场。

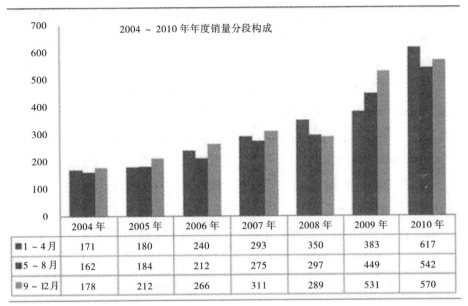

图2-3　中国2010年汽车市场的基本分析

2010 年的销量增长异常之高创纪录,我们按照三段论分析 2010 年汽车市场销量。1 ~ 8 月的厂家销量同比增长 327 万台,增幅达到 39%,其中 1 ~ 4 月的销量较 2009 年同期增长 234 万台,而 5 ~ 8 月的销量增长仅有 93 万台。9 ~ 12 月销量按照 570 万台测算。这样汇总的 2010 年销量 1730 万台,相比较 2009 年增长了 430 万台,这样的增长趋势算是历史高位(图 2-3)。

② 2009 年表现为汽车市场刚性需求的特征,范围之广、力度之强都是出乎意料的,甚至一些专家学者预测中国汽车市场仍将有 10 ~ 20 年的高速发展期(年均 20% ~ 30% 的增长)。

③行业部门、汽车制造商、专家业内人士、相关机构对 2010 年车市总体预测很乐观,认为最少要有 10% ~ 15% 的增长率,甚至有可能达到 30% 的增长,且这种增长将持续到 2011 年。

④ 2010 年国家关于汽车消费的政策已经出台,社会反应不一,大多数认为 2011 年政策力度仍然较强,购置税政策也影响不大,总之,持乐观态度的占多数。

2)当前国内汽车行业的主要特征

①追求规模经济。

②寡头垄断的市场结构。

③政府参与。

3)2010 年政府政策对汽车市场的影响

① 2010 年国内小排量乘用车购置税减半征收等政策仍在持续,国内小排量乘用车稳步发展。

②政府发展城市化的政策从未改变,而中等发达城市甚至城镇地区消费升级后对汽车有着庞大的需求。

③自从 1997 年亚洲金融危机后,中国就提倡拉动消费,10 年以来表现最成功的仍然是汽车业。2010 年的中国汽车业上空应该仍是明朗的天。

4)2011 年中国汽车行业发展前景

① 2011 年,预测中国经济将保持"温和"的增长趋势,中部、西部、东北区域经济环境将持续较快发展,中小城市和城镇化建设发展提速,将促进汽车市场需求保持稳健增长。预计 2011 年汽车市场整体销量将达到约 2000 万辆,同比增长约 11%。

②中国汽车业"十二五"规划,据介绍,在汽车业"十二五"规划中,新能源汽车的发展重点将以汽车电动化和动力混合化两大技术结合为标志,进行产品换代与产业升级。

综合分析:

综上所述,可见汽车市场在中国呈现出乐观上升趋势。汽车行业在中国的发展越来越规模化,而汽车市场的竞争也越来越激烈。各项政策也有利于汽车行业的发展壮大。为了适应形势的发展，国内汽车业都必须实现新的改革与创新，而车展正是为了汽车业能够更好地交流与合作，为汽车业提供了相互学习、技术交流的平台。同时，随着汽车消费的加大，随着人们对汽车需求的增大，车展也为消费者提供了一个完整的平台。"十二五"的提出，使得中国汽车将逐步由传统汽车向新能源汽车发展，由此可见汽车行业是常青树。

（2）会展项目生命力分析

1）从2003年起，在北京、上海、广州等地陆续举办了一届又一届大型汽车展览会，且从2005年起各类汽车配件展、汽车装饰展也陆续开展。至今，国内比较知名的是上海国际汽车展览会和北京国际汽车展览会。作为附着于汽车行业发展的车展，伴随着汽车行业这棵常青树，也将长青不倒。

2）随着国内外汽车行业的发展，不论是旧的燃油汽车还是新能源环保汽车，汽车作为一种时代必需的交通工具，受到了广大消费者的喜爱。伴随着经济的发展和社会的进步，汽车也从奢侈品慢慢转变成了生活必需品。

3）汽车行业是一个有强大生命力与发展潜力的行业，作为展示汽车舞台的车展也受到了广大汽车制造业、汽车装潢、汽车服务、消费者的喜爱。据统计，2009年北京国际汽车展览会拥有将近9万的参与人数，且每一个会展都为举办方带来了巨大的利益。作为一个展示着时代必需品和潮流的会展，汽车展拥有强大的生命力和盈利能力。

4）"十二五"规划的提出，使得国内汽车行业逐步由传统汽车向新能源汽车进行结构调整。而新能源汽车的发展也需要一个展示和交流的平台，这就为车展提供了广阔的市场。

（注：以上结合政策环境、国家产业发展规划以及汽车产业的发展趋势进行论证，充分体现了策划案的高度。）

（3）风险预测

1）目前，社会各界广泛关注的国内通货膨胀问题，关键不在于通货膨胀现象，适度的通货膨胀会推动经济发展，关键在于社会各界对通货膨胀预期敏感，一些社会现象已经比较明显，而2009年四季度和2010年汽车狂热购买现象，其中也有通货膨胀预期的影响因素。由于社会各界对通货膨胀的敏感度不同，2011年汽车市场也可能出现萧条现象，而2011年车展就可能会受到影响。

2）由于汽车销售、消费市场的高速发展，市场越来越成熟，消费者也越来越成熟，消费者的汽车消费观念已经发生了重大的转折和变化，对车市已经产生了巨大影响，在各种因素的影响下，消费者的消费观念、消费趋势、消费偏好仍有难以预料的状况发生。所以2011年车展也可能面临观众、参展商稀少的问题。

3）随着汽车行业的火热发展，各地的汽车展也此起彼伏，由于没有统一的规划，各种规模不一、定位不清的车展泛滥，容易混淆参展商和参观者的视线，会对2011年车展造成影响。

2. 会展执行方案

（1）会展名称与主题

2011××车展

主题：家庭中的第四成员

（2）办展地点和时间

地点：××国际博览中心

时间：2011年5月1日～5月4日

（3）展品范围

整车：轿车，商务车，客车及卡车，特种车等。

汽车设计及新概念产品，特色节能环保汽车。

汽车零部件：发动机系统，变速箱，排气系统，车桥，转向，制动，悬挂系统，车身及附件，电气系统，轮胎，轮毂。

汽车附件：汽车内饰部件，汽车音响，视听系统，汽车导航，车载通信系统，空调系统，汽车安全和防盗系统；汽车测量、检测、诊断设备，汽车维修保养设备，汽车养护用品，汽车油漆、润滑油、添加剂等。

电脑控制系统及相关软件。

各类书籍、报刊及其他相关服务。

（4）办展机构

主办单位：

承办单位：

（5）会展规模及定位

由于受国际金融风暴影响，国际上大汽车集团正在激烈地应对市场危机，申请破产保护、重组、兼并，国际汽车行业动荡不安，而中国汽车行业受到金融风暴的影响极小，甚至在 2009 和 2010 年出现了购车热潮。所以此次会展定位针对的只是国内参展商和观众。

此次会展将使用 ×× 国际博览中心 W1 ～ W5 馆和 E1 ～ E 馆，会展具有相当的规模，属于中国车展盛会之一。

（6）会展进度计划

1）日程

2011 年 4 月 1 日 ～ 4 月 15 日展览报名；

2011 年 4 月 15 日 ～ 20 日汇总资料、展品审核；

2011 年 4 月 20 日 ～ 30 日编印展览会会刊，各单位进行展台设计、制作；

2011 年 4 月 25 日 ～ 4 月 30 日布展；

2011 年 5 月 1 日 ～ 5 月 4 日展览进行

2）展览时间

5 月 1 日

8：00-8：30 会展开幕式

8：30-9：00 参展商入场

9：00-17：00 仅对持有特邀观众请柬或特邀观众胸卡的观众开放

5 月 2 ～ 3 日

8：00-9：00 参展商入场

9：00-17：00 面对所有观众开放

5 月 4 日

8：00-9：00 参展商入场

9：00-15：00 面对所有观众开放

15：10-16：00 闭幕式

16：00 参展商撤展

3）会展同期活动

详见同期活动策划案。

（7）现场管理计划（详见现场管理策划案）

1）会展开幕式现场管理：

会展现场布置；

VIP（Very Important Person）接待；

媒体的接待和管理；

会展开幕；

开幕酒会服务策划。

2）会展布展与现场管理：

办展机构现场管理；

参展商的现场管理工作；

观众登记和入场管理；

撤展管理。

3）会展现场风险与安全管理：

会展现场的风险类型；

会展风险管理；

重大紧急事件管理。

4）其他管理：

现场广告管理；

交通管理；

物流管理；

餐饮管理；

证件管理；

新闻管理；

酒店、旅游服务；

会展资料的采集与编写；

会展设备管理等。

3. 会展赞助商招商方案

会展赞助商，在此次"2011 ×× 车展"及同期举办的"2011 ×× 车展高峰论坛"活动、"设计师之夜"、"汽车用品十大评选颁奖活动"、"2011 汽车用品行业趋势发布会"系列技术会议中，将与 4000 多家国内顶级采购商 CEO、500 多家汽车装备供应商 CEO 零距离地接触，企业和个人将在会前和会后的大量宣传中作为赞助商被广泛提及；同时还可将公司的品牌和形象展现在知名汽车制造业者面前，可以从此次活动中得到最大的曝光度。

（1）金牌赞助商

赞助费：16 万元人民币（仅限六家）

赞助商收益包括：

1）赠送展位 36m²、门票广告（宽 105mm× 高 215mm）5000 张。

2）赞助公司 LOGO 和标识将作为金牌赞助商加入会展广告、会议及活动现场的主背景板。

3）2011 上海车展高峰论坛名额 2 人、4 个汽车用品十大评选活动名额及每项会议 2 名；

4）5 人以赞助商的名义出席设计师之夜酒会。

5）赠送 2 块广告牌广告：汽车表演场地主广告牌（高 1m× 长 3m）1 块、展览馆广告牌（高 3m× 长 6m）1 块。广告牌被策略性地布置在会展中心的周围，可以给过往的参展人员留下深刻的印象。

6）赠送会展等印刷、电子广告（国内外相关媒体）。

7）赠送会刊和书签广告。会刊（宽 140mm× 高 210mm）是展览会的永久纪念，也是专业买家的采购手册和指南，充分利用展览会会刊的长期宣传作用，投放广告，将会起到意想不到的良好效果。

8）赠送《2011×× 车展前讯》广告半版（高 1750mm× 宽 2350mm），《2011×× 车展前讯》将在开展前几周直接寄给数千位注册观众和潜在的车展与会代表。

9）赠送 5000 张参观指南（高 3600mm× 宽 2350mm）广告。参观指南包括：会展时间表、会展主题、技术会议、展馆平面图、展馆地图和交通方式等。参观指南将发放给每一位现场观众。

10）赠送 5000 张观众胸卡（高 75mm× 宽 105mm）广告。每个进入会展现场的人都需要胸卡。

11）赠送 5000 份官方展览纪念品广告（高 200mm× 长 3000mm）。将广告做在像展览资料袋（高 4200mm× 宽 70mm× 长 3000mm）这类观众可以直接带回家的纪念品上，将是一个给观众留下深刻印象的好机会。

12）赠送所有参观会展及会议 VIP 的详细联系方式，便于进一步的业务沟通。

（2）银牌赞助商

赞助费：8 万元人民币

赞助商收益包括：

1）赠送展位 36m²、门票广告 5000 张。

2）公司的 LOGO 和标识将作为银牌赞助商加入会展活动现场的主背景板。

3）2011×× 车展高峰论坛名额 2 人、4 个汽车用品十大评选活动名额及每项会议 2 名。

4）展览会广告牌广告 1 块。

5）赠送《2011×× 车展前讯》广告半版。

6）赠送 5000 张观众胸卡广告。

7）以赞助商的名义出现并将其 LOGO 链接到 2011×× 车展主页。

8）赠送 8000 名参会者详细联系方式。

4. 会展营销宣传策划案

会展的推广主要面向"参展商、展业观众以及社会公众"，针对不同人群采用不同的广告宣传手段，常用的有报纸、杂志、电视、广播、户外、邮递、网络等。

（1）媒体报道

1）电视媒体报道

2）新闻报纸报道

3）网站媒体杂志报道

（2）观众组织

1）其他观众组织

广而告之：向国内相关行业寄发 20 万份商务请柬，利用广告、互联网、电子邮件、电话、传真及派专人前往派发"展前快讯"与"展报"、参观券等；利用组委会庞大数据库资源邮寄请柬 20 万份、发送电子请柬 50 万份，同时也会采取公关邀请、直邮 DM、短信邀请等多种方式发布信息，组织专业观众。

组委会将与各汽车协会、高尔夫协会、私营企业协会等合作，协助邀请观众。

组委会将向各高档小区业主、银行 VIP 客户、航空公司 VIP 会员、电信及移动公司 VIP 会员、白领阶层等，寄发邀请函和消费券及短信点对点邀请。

2）市内观众组织

由杂志报纸以夹放门票的方式来组织市内爱车观众。

将派遣专业人员至全国各地所有车展进行适当宣传及合作。

推广宣传项目组 15 人，特为此次车展进行大幅度宣传。

5. 会展招展策划案

# 2011××车展招展书

汽车展背景

我国在国家政策的支持下，2009 年汽车产销均突破 1360 万辆，一举超越美国成为全球第一大汽车市场。

2010 一季度，中国汽车产销量分别超过 400 万辆，依旧保持强劲势头，持续领先国际市场。

在这样的背景之下，2011××车展吸引全球汽车制造商的高度关注，国际著名跨国汽车公司和国内汽车厂商都投入了巨大人力和财力高调参加本届车展。

"2011××车展"活动，更加注重活动的档次、规模、互动和签单效果。"铸品牌、促销售、重服务、见实效"的意识将始终贯穿整个车展。

本次车展恰逢 5.1，将成为城市及周边地区一次重要的假日经济活动，成为汽车经销商的一次盛会，成为汽车消费者购车、赏车的品牌平台，成为市民假日游玩休闲的好去处。

主办单位：略

承办单位：略

策划运作：略

会展时间：略

2011 年 5 月 1 日（特邀买家与特邀观众日）

2011 年 5 月 2 日～5 月 4 日（普通观众日）

会展地点：××国际博览中心

会展宣传：

电视媒体报道

新闻报纸报道

网站媒体杂志报道

车展·展品范围

各类轿车、商务车等国内外知名汽车品牌。

相关汽车用品服务及其他：汽车配件、汽车美容、汽车养护、汽车保险、汽车维修、油品油料、二手车、汽车通信设备、汽车用品、装饰件、汽车俱乐部、驾校等。

车展·参展费用

会展场馆的展位以标准展位为基本单位（标准展位面积 3×3＝9m²），企业可以根据自身需要租用不同大小的展位进行组合使用，参考价格见表 2-3 所列。

| 参展费用参考 | | 表2-3 |
|---|---|---|
| | 标准展位（9m²起租） | 光地（27m²起租） |
| A 区（高级展区） | 21 262/9m² | 2 126/m² |
| B 区 | 13980/9m² | 1400/m² |

注：1. 非标准展台参展面积不小于 100m²。

2. 本单位展台将：自行（委托）设计、制作安装，预计用电量。

3. 各参展单位应符合国家商标法和知识产权保护等相关法律、法规。

6. 会展同期活动策划案

（1）2011××车展高峰论坛

为提升××车展的国际化和品牌化水平，开拓市场，扩大需求，××车展主办方将于 4 月 30 日 14：30-17：00 在××国际会议中心举行"国际金融危机后的汽车业的发展趋势与前景展望—2011××车展高峰论坛"。届时，将邀请中央有关部委和上海市领导、国内主要汽车集团和跨国公司 CEO 等出席并演讲，增强中外汽车界进一步的交流与合作，共谋行业发展大计。

（2）设计师之夜

4 月 30 日 19：00，主办方邀请各国的汽车设计师汇集于××酒店参加名为"设计师之夜"的主题酒会，交流设计理念与心得。

（3）开幕式

5 月 1 日 8：00，车展主办方将在××国际博览中心南广场上举行隆重而热烈的 2011××车展开幕仪式，让您身临其境地感受本次会展的氛围。

（4）2011 汽车用品行业趋势发布会

时间：5 月 1 日 13：30-15：00 地点：E1-M19

（5）2011 第七届中国改装汽车评选大赛获奖者表演

会展同期，邀请到第七届中国改装汽车评选大赛获奖者进行漂移表演、改装贴纸展示、音响改装展示、汽车彩绘展示、摄影展示等，以吸引更多的媒体和观众。

时间：5月2日14：30-16：00 地点：W馆与E馆中央空地

（6）2011新品发布会

90%年度新品，将现场呈现，近百家企业，首次现场解析新品来源、设计经过并演示使用方法等。

时间：5月3日13：00-15：00 地点：E4-M27

（7）汽车用品十大评选活动

奖项内容：十大优秀经销商、十大优秀服务机构两大奖项进行合并，推出十大优秀流通服务企业奖项，另外增设"2011年度产品大奖"，十大风云人物，十大知名品牌，十大新锐品牌，十大潜力品牌奖项保持不变。

时间：5月4日10：00-12：00 地点：E1-M19

（8）"无界限"爱车试驾与动态展示（贯穿整个会展）

在会展期间，开辟2.5万 m² 的室外试驾与动态展示区，观众将进一步形象地了解各款车型的具体性能，并有机会与心爱的车型零距离接触。

（9）我付款，你买车

会展期间，每日从预登记观众中随机抽取一名幸运观众，若此观众有意向现场购车，将赠予15万元人民币作为购车款，若幸运观众并无购车需求，将赠予该观众三万元现金奖励。

（10）闭幕式

闭幕式将宣布整个会展圆满结束，届时将有国内汽车行业代表人物出席。

时间：5月4日15：10-16：00

7. 会展现场管理计划案

（1）会展开幕式现场管理

1）会展现场布置

布展工作一般在展览会开幕前几天举行，时间长短依展览会的不同规模和主题而定。根据车展对于布展的要求在展前划出十天作为布展时间。在此过程内应主办方委托进一步对展览会现场环境进行规划，对参展商、搭建商、运输商等的有关工作进行协调和管理，从而为展览会正式开幕做好筹备工作。

在举办开幕仪式之前，首先要将开幕现场布置好，以便为会展开始和观众参观做好充分的准备。

2）VIP（Very Important Person）接待

对于重要贵宾还需要事先制定接待计划，上报有关负责部门和相关人员审定后执行。

3）媒体的接待和管理

会展开幕前，办展机构要与有关媒体取得联系，为召开新闻发布会或邀请媒体记者对会展开幕现场和展览现场进行采访和新闻报道做准备。

4）会展开幕

①开幕时间和地点。

②开幕式讲话稿和新闻通稿。

③开幕方式的确定。

5）开幕酒会服务策划

开幕酒会是会展的一项重要的公关活动，它可以很好地促进办展机构与参展商、行业领导和其他有关方面的关系。办展机构要事先策划安排好酒会举办的地点、时间，酒会的方式，出席酒会的人员范围，酒会的标准等。

开幕酒会是会展联络各方感情，与各方进行面对面沟通交流的一种非常好的方式，因此需要精心筹划以达目的。

（2）会展布展与现场管理

1）办展机构现场管理

①会展现场布置。

②会展注册及入场管理。

③会展证件与门票管理。

④会展设备设施管理。

⑤会展现场的安全管理。

⑥会展现场的知识产权保护工作。

⑦会展现场的相关活动管理。

⑧会展现场的其他服务。

⑨应急处理小组。

2）参展商的现场管理工作

展前，主办单位在推广会展项目的同时对参展企业进行宣传，在广泛派发的邀请函以及签约的网站上都添加部分参展企业的名册；编制含有参展企业名册的会展快讯，派发给专业观众、专业市场；在会展的介绍网站上开辟了供求平台，企业在展前、展中、展后都可以在网上注册，发布产品供应信息和采购信息，为买卖双方搭建平台。

展中，主办单位为展商提供增值服务，有现场答疑会和各类研讨会，帮助企业解决生产管理中的难题；有产销对接洽谈会，为买卖双方牵线搭桥，提升买卖双方的贸易成功率；有新技术推介会，推介新技术供参展商学习引进；除此之外，还将举行参展知识培训会，对参展商进行"如何让展位更吸引人""如何更方便撤展""参展手续"等方面知识培训。同时，现场还安排专门人员协助展商进行报到、进馆等各项服务。

展后，主办单位对参展企业及时走访，听取意见，使下一届的增值服务做得更完美，同时进行企业展后成果的跟踪报道，提高会展和企业的知名度。

①布展。

②配备展台的工作人员。

③展台接待。

④贸易洽谈。

⑤情况记录。

⑥其他相关宣传推广活动。

⑦信息收集工作。

⑧细节管理注意事项。

⑨应急处理小组。

3）观众登记和入场管理

观众登记处的主要任务之一就是维护展览会入口的良好秩序，确保每一位专业观众都能畅通、便捷地进入展览会现场。

为了提高工作效率，将预先登记的观众和现场注册的观众分开，并进一步将现场注册的观众分为两类，即有名片和无名片的，前者只需凭名片在观众登记处办好相关手续就可以换取胸卡，后者则要在主办方人员的指导下填写登记表，然后在登记处办理手续。

科学的观众登记方法，不仅能保证观众迅速入场，还有利于会展主办单位日后建立营销数据库，由此可见观众登记和入场管理的重要性。另外，还在入口处设置了展览活动及论坛议程牌，

这样可以便于人们，尤其是现场注册的观众预先了解展览会的总体结构和主要活动安排。

①预登记。

②现场登记。

③信息收集。

④导引与通道维护。

⑤告知观众会展日程。

⑥现场服务管理（商务中心，问讯处，紧急事务处理等）。

⑦应急处理小组。

4）撤展管理

①展位的拆除。

②参展商租用展具的退还。

③参展商展品的处理和回运。

④展品出馆控制。

⑤展场的清洁。

⑥撤展安全保卫。

5）参展观众的统计

①依据观众办理登记手续的内容进行统计。

②根据门票进行统计。

③参展商的客户统计。

（3）会展现场风险与安全管理

1）会展现场的风险类型

①从是否可控的角度分类可分为自然威胁和人为威胁。

②从风险的内容可分为物质损失风险、财务损失风险、法律责任风险、人员损失风险四类。

2）会展风险管理

①对场地进行安全分析。

②同当地相关部门建立良好的工作关系。

③确定会展活动的利益相关者具有相应的风险意识。

④制作安全小册子、标牌以及其他交流方式。

⑤制定一个媒体管理计划。

⑥预防"闹展"。

3）重大紧急事件管理

为应对在会展过程中可能发生的重大安全问题，与消防、公安、卫生等部门取得联系，以

便在此类事件发生后的最短时间内解决问题。

（4）其他管理

1）现场广告管理

在一次大型会展活动中，主办单位获取广告收入的渠道很多，如展览快讯、会展会刊、户外广告牌、气球、标语等，但无论采取什么样的广告载体，会展主办单位都必须指定明确、统一的广告政策，做到对所有参展商一视同仁。即使制定有相应的优惠措施，也应该让所有参展商都了解，而不应简单地根据参展企业的规模大小来决定是否给予其优惠。

①广告载体分类与统一管理。

②广告的规范与招标。

③秉承公平公开的原则。

2）交通、物流管理

对现场物流和交通的控制是展览活动全面控制的至关重要的部分。

会展是一个庞大的系统工程，从组展到展品运输、展台搭建，直到撤展，任何一环脱节，会展都无法顺利进行。

在整个流程中，展品、宣传资料以及展具、道具等相关设备的运输是一项重要工作，而且专业性很强。

在本次会展中，委托××运输公司来负责展品运输工作。（会展主办单位申请会展批文并在海关备案时，会同时将运输代理在海关备案。主办单位委托哪家运输公司，海关就受理哪家公司的报关业务。国际展览会的参展商有海外参展商和国内参展商之分。其中，海外参展商通常由一些国际性的运输公司代理。）

①展品运输（分为主办方签约物流公司与自行运输）。

②撤展运输。

③现场联络点。

④线路规划。

⑤对展品抵达时间的掌握。

⑥撤展管理与撤展物品监控。

⑦紧急事件处理。

3）餐饮管理

会展现场的餐饮服务要根据会展主办单位和场馆之间所签订的协议内容而定。

①指定餐饮服务商，提供现场餐饮服务。主办方指定××餐饮公司作为本次会展的餐饮供应商，场馆长设的餐饮服务设施也能提供一定的服务。

②同时，推荐场馆及周边餐饮设施，并详细介绍和推荐场馆及周边的餐饮情况。

4）证件管理

为了便于会展现场管理，同时出于统计的需要，对展览会实行证件管理，即拥有会展主办单位认可的证件才能进入场馆。

在本次会展中，主办方印制六种证件，分别发放给参展商、专业观众、工作人员（包括主办机构、承办机构和协办机构的相关工作人员）、筹（撤）展人员、媒体记者及与会嘉宾（包括领导和讲演嘉宾）。

另外，为了保证参展商、专业观众和嘉宾的停车位，场馆管理方还会使用停车证。主办机构将加强对展览会证件，尤其是门票的管理，以避免出现混乱的局面，从而影响展览会的安全和形象。

由于本次会展出售门票，主办单位已事先向税务部门报告，并征得税务部门同意。

5）新闻管理

本次会展在现场设立新闻中心或新闻办公室，以便参展商和主办单位能及时发布各种信息。

6）酒店、旅游服务

酒店服务是会展主办单位参展商提供的基本配套服务项目。

本次会展的相关节点旅游服务指定××旅游公司为旅游代理商。由××旅游公司与目的地旅行社或管理公司合作，承揽相关旅游考察业务，协助预订酒店，协调活动中涉及的各级目的地、各部门的接待工作，保证参展商或专业观众旅行活动的顺利进行。

7）会展资料的采集与编写

印发宣传资料。印发宣传资料是展览物资管理工作的组成部分，同时也是展台贸易工作的组成部分，对展出效果有直接影响。宣传资料主要用于展览会之前向目标观众和新闻界寄发，也将在展览会期间在展台上散发。

参展商资料。参展商需要编印一些自己的宣传资料，统一整合刊印。基本资料有展台小册子、公司介绍、产品目录、产品介绍、价格单等。展台小册子是参展商的主要资料。

资料编印。资料具有广告作用，为了给潜在客户和新闻界留下良好和深刻的印象，必须注意其质量。

会议材料的印刷与制作。印发了相关宣传品及会议资料，以告知会展信息、会议信息以及会议期间提供与会者开会所需的相关资料。建议在会后留存建档、参考使用。

8）会展设备管理

①会议所需视听设备

本次会展及会议对视听设备方面的要求较为严格，对音响、麦克风、放映机、银幕等都有一定的质量要求，并由专业人员协助规划。

放映设备。放映设备是指在会议室内演讲时所用到的辅助器材，如幻灯机、投影机等。

音响设备。音响设备对会议的质量具有相当大的影响，会议经理人将对以下方面进行管理：麦克风、录音及特殊视听系统。

②视听设备与会场布置的关系

会议厅的容量、座位与舞台的安排都与视听设备有直接的关系。相关方面包括：

视听设备的安排影响会议室座位的安排。

座位安排对视听的影响。

会议场地视听设备的调查。

8.会展财务预算计划案

财务预算分为财务支出预算和财务收入预算两个部分，详见表2-4、表2-5所列。

展会财务支出预算清单　　　　　　　　　　　　　　表2-4

一、展览场地及相关费用——1928280 元

| 具体费用包括 | 1. 展览场地租金费：W 馆 E 馆 155 个展位共计：1255580 元 | 场地： | W 馆（1500m²） | E 馆（1000m²） |
| --- | --- | --- | --- | --- |
| | | | 753348/4 天 | 502232/4 天 |
| | | 备注：1. 展馆以 2000m² 为起租面积；从布展之日起至撤展日计算租金，室内展馆照明电、动力电、空调用电另计。2. 在指定工作时间内使用，超过工作时段，按小时收取加班费。3. 场地租赁免费提供保洁保安 | | |
| | 2. 展馆空调 + 新风费：416000 元 | | | |
| | 3. 展馆照明动力用电费：预算为 45000 元 /4 天 | 220V/30A | 100+ 电费 | |
| | | 380V/40A | 200+ 电费 | |
| | | 380V/50A | 300+ 电费 | |
| | | 备注：押金 4000 元 | | |
| | 4. 展位特装费：12 元 /m². 展期 2000m² 的国际标准展位，共计 24000 元加上押金共计 28000 元 | 施工单位提前与会展中心业务部联系，办理手续，交纳施工管理费及押金（14 元 /m² / 展期），方可进馆施工 | | |
| | 5. 标准展位搭建费：45 元 / 155 个展位 ×9m² ×45=62775 元　共计 62775 元 / 展期 | | | |
| | 6. 展馆地毯及铺设费用：15 元 /m²共计 120925 元 / 展期 | 备注：1. 按实耗地毯面积计算；2. 各展位为同一地毯，公共区域不铺设地毯 | | |
| | 7. 展位搭建加班费：按展览总面积计费（不接受零星加班）1 元 /m²·小时 | 备注：1. 由主办方统一联系加班；2. 加班时间上限为 4 小时 | | |

续表

**二、市场调研费——8400 元**

| 具体费用包括 | 1. 问卷调查（网络、纸质、打印）：1200 元 | （1）材料费：700 元 |
| | | （2）人工费：800 元 |
| | 2. 数据调查（购买数据，数据录入费）：2200 元 | |
| | 3. 实展调研：3000 元 | |
| | 4. 资料费、复印费、通信联络等办公费用：500 元 | |

**三、宣传推广相关费用——242600 元**

| 具体费用包括 | 1. 广告宣传费用共计：216600 元 | （1）电视广告：18 万元 | 1）广告创意、拍摄、制作费：5 万元 |
| | | | 2）电视广告播放代理费：8 万元 |
| | | | 3）移动电视广告（公交、地铁）：5 万元 |
| | | （2）纸质广告：24400 元 | 1）纸面广告制作：400 元 |
| | | | 2）报纸广告刊登（以地铁免费发送的报纸为主）：彩版 1 万元，黑白 4000 元 |
| | | | 3）杂志广告刊登：2 万元 |
| | | （3）网络广告：12200 元 | 1）广告制作费（旗帜、BANNER、LOGO）：1000 元 |
| | | | 2）网络广告投入宣传费（网站合作、付费搜索引擎或者其他）：1 万元 |
| | | | 3）制作会展官网：1200 元 |
| | 2. 新闻宣传费用共计：8000 元 | （1）电视新闻：6000 元 | 电视新闻、滚动字幕播报：5000 元 |
| | | | 网络新闻投放：1000 元 |
| | | （2）新闻发布会：2000 元 | 新闻发布会会场布置费用：2000 元 |
| | 3. 海报宣传共计：6000 元 | （1）设计、制作、印刷、材料费：5000 元 | |
| | | （2）海报张贴租金：1000 元 | |
| | 4. 宣传资料共计：7000 元 | （1）宣传册＋秩序册：6000 元 | 设计、印刷、材料（各 1000 本，3 元/本，内含参展商、赞助商信息，环保咨询等相关报道）：6000 元 |
| | | （2）DM 宣传单：1000 元 | 设计、印刷、材料（2 万份）：1000 元 |
| | 5. 宣传人员办公费：5000 元 | | |

**四、招展与招商费用——190000 元**

| 具体费用包括 | 1. 招展代理费用共计：171000 元 | 劳务费（代理公司人员劳务领取费用）：10 万元 |
| | | 差旅费（外出招展人员）：3 万元 |
| | | 办公费（包括招展资料复印、印刷、办公文具等）：8000 元 |
| | | 电话营销费：2000 元 |
| | | 资料编印和邮寄费：4000 元 |
| | | 客户联系费（参展商、专家、相关政府人员）：1.7 万元 |
| | | 宣传推广公关费：1 万元 |
| | 2. 招商费用共计：13000 元 | 信件邮寄费：1000 元 |
| | | 招商联系费（赞助商、供应方、合作伙伴）：1 万元 |
| | | 办公费：2000 元 |
| | 3. 备用费用：6000 元 | 用于不可预见的支出费用：6000 元 |

五、筹备相关费用——180660 元

| 具体费用包括 | 1. 停车证（50 元 / 张）<br>共计：5000 元 | 本地牌、外地牌、货车等 |
| --- | --- | --- |
| | 2. 仓储、运输等费用<br>共计：108800 元 | （1）仓库租赁：1.2 元 /m² · 天<br>500m² × 1.2 × 3 天 =1800 元 |
| | | （2）仓储服务管理费：2000 元 |
| | | （3）装卸服务：进出——150 元 /t　5000 元 |
| | | 备注：1. 不足 1t 按 1t 计算，凡每增 500kg 按 75 元逐增。<br>　　　2.10t 以上，价格可与参展商面议。<br>　　　3. 泡货按体积计算：按 80 元 /m³ 计算。<br>　　　4. 人工搬运：50kg/ 件以内按 10 元收费。50kg/ 件按 10 元递增。 |
| | | （4）运输费：10 万元 |
| | 3. 展具租赁费<br>共计：71860 元 | （1）人字梯：2m 高、3m 高 20 元 / 架 · 天<br>（10+5）× 20 × 4=1200 元 |
| | | （2）平板小推车：1.07m × 0.63（m）20 元 / 辆 · 小时<br>10 辆 × 20 × 10=2000 元 |
| | | （3）二层脚手架：3.5m 高　50 元 / 半天<br>5 台 × 50 × 4=500 元 |
| | | （4）手动堆高车：1500kg　60 元 / 辆 · 小时<br>3 × 60 × 8=1440 元 |
| | | （5）液压升降平台：9m 高　100 元 / 辆 · 小时<br>2 × 100 × 4=800 元 |
| | | （6）折叠咨询桌：1m × 0.5m × 0.75m　100 元 / 张 · 展期<br>50 × 100=5000 元 |
| | | （7）简易桌：1.8m × 0.45m × 0.75m 80 元 / 张 · 展期<br>100 × 80=8000 元 |
| | | （8）玻璃展示柜：横竖方三种规格　200 元 / 个 · 展期<br>50 × 200=10000 元 |
| | | （9）长臂射灯：100W/220V　10 元 / 只 · 展期<br>10 × 200=2000 元 |
| | | （10）搁板：1m × 0.3m　10 元 / 块 · 展期<br>80 × 10=800 元 |
| | | （11）软隔离：10 元 / 根 · 展期<br>10 × 80=800 元 |
| | | （12）指示牌：10 元 / 块 · 展期<br>10 × 30=300 元 |
| | | （13）插座：三孔 + 两孔　4 元 / 只 · 展期<br>2 × 155 × 4=1240 元 |
| | | （14）折椅：8 元 / 张 · 展期<br>8 × 155 × 2=2480 元 |
| | | （15）挂环：U 形、Q 形、圆头　1 元 / 个 · 展期<br>500 × 1=500 元 |
| | | （16）围板：9 、12m² 标准规格　50 元 / 块 · 展期<br>（80 × 3+40 × 4）× 20=20000 元 |
| | | （17）楣板：展位标准规格　15 元 / 块 · 展期<br>120 × 15=1800 元 |
| | | （18）桌布：5 元 / 块 · 展期<br>150 块 × 5=750 元 |

续表

| 具体费用包括 | | （19）宽带网络接口：200元/端·展期<br>200×3×3=1800元 |
| --- | --- | --- |
| | | （20）无线路由器：50元/个·展期<br>50×3×3=450元 |
| | | （21）其他租赁费用（饮水机、打印机、DVD电视设备等）：10000元 |

六、配套活动费用——38600元

| | 1. 开闭幕式<br>共计：22000元 | （1）主席台搭建（场地租金、地毯、背景板、挡板等）：8000元 |
| --- | --- | --- |
| | | （2）花卉、绸带、彩球、贵宾胸花、升空小气球等：2000元 |
| | | （3）彩旗、礼仪小姐、绶带等：1000元 |
| | | （4）音响设备等：500元 |
| | 2. 会议、研讨会：中国汽车发展报告、汽车发展论坛、汽车商务论坛、中国汽车有关单位圆桌会议 | （1）会议室租赁费：100座　1000元/半天<br>3000元<br>提供茶水、音响设备、联网设备、空调 |
| | | （2）多功能厅：150座　2500元/半天<br>5000元<br>提供茶水、音响、话筒、投影、发言席、联网设备、空调 |
| | 3. 配对会晤：贵宾买家与参展商 | （3）贵宾会晤室：20座　500元/天<br>1000元<br>提供茶水、空调、服务员一名 |
| | | （4）休息室：50座　200元/天<br>600元 |
| | | （5）会议横幅制作：100元/条，会议喷绘背景制作：700元/块<br>6×100=600元　700×2=1400元<br>共计：11600元 |
| | 其他特殊布置费用：5000元 | |

七、其他相关费用——306500元

| | 1. 办公费用 | （1）胸牌、席卡制作费等（设计、编订、印刷）：5000元<br>（2）具纸张等相关用于办公的费用：500元 |
| --- | --- | --- |
| | 2. 人员费用 | （1）邀嘉宾出场费：1000元<br>（2）嘉宾接待费：1000元 |
| | 3. 接待费 | 酒店房间、交通、餐饮费：3万 |
| | 4. 茶歇点心 | 包括酒会、会议茶歇点心等：5000元 |
| | 5. 装饰品 | 开幕式、会议及展览会场：2000元 |
| | 6. 服装 | 展览会纪念LOGO衫：3000元 |
| | 7. 纪念品 | 礼品环保袋＋小礼品：5000元 |
| | 8. 门票制作 | 设计、印刷：2000元 |
| | 9. 一次性物资费 | 一次性水杯等一次性用品：2000元 |
| | 10. 保险费用 | 展品保险、观展客意外伤害保险、会展设备安装与拆卸工程保险、会展融资信用保险：5万元 |
| | 11. 相关税收 | 20万 |

八、其他不可预见费用（赔偿费等）——150000

总支出：3045040

展会财务收入预算清单　　　　　　　　　　　　　　　　　　　表2-5

| 一、政府拨款：30万元 | | | | |
|---|---|---|---|---|
| 二、W、E馆展位费收入：共计360万元 | A区 | 21262元/9m²（标准展位） | 光地 | 标准展位配置 |
| | | | 2 126元/m² | 9m²标准展位三围板、地毯、一张咨询台、三把椅子、二只射灯、一个220V电源插座、参展单位楣板 |
| | B区 | 13980元/9m²（标准展位） | 光地 | 12m²标准展位三围板、地毯、一张咨询台、四把椅子、二只射灯、一个220V电源插座、参展单位楣板 |
| | | | 1400元/m² | 18m²标准展位三围板、地毯、一张咨询台、一张圆桌或方桌、六把椅子、四只射灯、一个220V电源插座、参展单位楣板 |
| | 注：两面开口展位费加收500元，三面开口展位加收800元<br>A区：65万元<br>B区：80万元<br>退展费（退合同价60%）5万元<br>前提：假设展位全部卖出 | | | |
| 三、会议及相关活动收入共计：23万元 | 1. 参会费收入：5万元<br>2. 向服务商收取的差价：5万元<br>3. 相关活动收入（观众活动参与费）：3万元<br>4. 交易提成费（由主办方促成的项目）：10万元 | | | |
| 四、赞助收入共计：220万元 | 1. 广告收入（挡板、幕墙广告、展馆内广告、宣传手册广告等）：60万元<br>2. 金牌赞助：96万元（6个名额）<br>3. 银牌赞助：64万元（8个名额） | | | |
| 五、保险赔偿费：5万元 | | | | |
| 六、其他相关收入：5万元 | | | | |
| 总收入：643万元 | | | | |
| 收入 | 6,430000元 | | | |

### 9.会展应急预案

（1）会展应急保障部

应急安保小组、现场医疗小组、消防小组、高层处理组。

（2）会展筹备前期的突发风险状况

1）参展商突然撤展：联系参展商，尽量说服参展商不要退出；若无法协商，通过合同要求参展商付60%的退展费。

①将该区域的展位重新设计，在搭建展位前敲定。

②尽快招有意向参加的参展商。

2）展位没有搭好：查看推迟原因。

①若是施工方的原因，要求施工方加班。

②若承办方主观因素，如展位装修材料没齐而影响进度，就要付施工方加班费。

3）运输的展品没有到：联系物流公司，查运输单、存库单。

①若是遗留在仓库内，尽快从仓库调运出来。

②若是没有入库，查货物入库前的动向，寻找责任方。

③若展品无法及时到达，要求参展商准备新展品。

4）展具不全：在尽量不超过预算的情况下解决。

①先看看有没有可以代替的剩余展具。

②若没有能代替的，在预算范围内尽快购买缺少的展具。

5）展具、展品被破坏：看破坏程度，按折

旧费计入成本

①若破坏程度不明显，且没有安全隐患的，继续使用。

②若破坏严重的，按赔偿标准进行赔偿。

③若展品破坏，及时通知展览小组，调用可替换的展品，要求保险赔偿。

6）展台搭建施工过程中人员受伤：查看伤势大小，尽快治疗，寻找责任方。

（3）展中存在风险处置

火灾事故应急预案　风险指数：★★

1）报警程序

①根据火势灵活处理，如火势大，需要报警，则立即就近用电话报告消防中心（电话119）；如火势较小，根据现场情况利用现有的消防器材进行及时的扑灭。

②迅速向会展应急保障部报告。

2）组织实施

①事故发生后应立即疏散人群并向上级报告。

②要迅速组织人员有序逃生，防止发生踩踏等事故。原则是"先救人，后救物"。

③开通备用安全通道，组织人员撤至安全地带，调查是否有人困在火场。

④消防车到来之前，所有工作人员均有义务参加扑救，消防车到之后要听从消防人员的指挥，做好配合工作。

3）注意事项

①火灾事故首要的是保护人员安全，扑救要在确保人员不受伤害的前提下进行。

②火灾第一发现人应将火灾发生的准确位置和火灾情况告知监控值班室，如是电源引起，应立即切断电源，给会展应急保障部打电话。

③发现火灾后应掌握的原则是边救火，边向上级报告。

④人员在逃生时应有组织有秩序地撤离。

⑤会展应急保障部应维持现场秩序，防止有人乘机捣乱和展品受到损失。

⑥各部门的所有人员都必须支持、配合事

故救援，并提供一切便利条件。

疾病事故应急预案　风险指数：★★★★

看当时的现场情况灵活处理，及时与会展应急保障部现场医务小组取得联系，听从医务人员的安排。如病情严重则需立即送往医院：

①以最快的速度将人员送往医院，情况紧急时经请示拨打急救中心电话"120"请求救助。

②立即组织工作人员组成陪护人员队伍，进行陪护，稳定患者的情绪。

③应急小组组长就事态发展情况迅速与当事者家属取得联系。

④要采取迅速果断的措施，把影响减至最小。

⑤组织安保、展览部等各方面的工作人员最短时间内恢复展览的正常秩序。

争议升级暴力事件应急预案　风险指数：★★★

①执勤人员、工作人员立即劝解，劝解无效可采取强制手段，将争执双方带离现场移交会展现场公安执勤点处理。

②迅速报告应急小组，保护在场的人员及展品安全。

③在事情得到解决之前要将当事者双方稳住在现场，防其事后逃跑，并保护好现场。

④受伤者及时送往医院或医务室。

⑤组织安保、公安等各方面的工作人员最短时间内恢复展览的正常秩序。

发生偷盗（展品、人员）等事件时　风险指数：★★

①第一个接到报警的工作人员及时与安保人员取得联系，由安保人员带领受害者到会展现场公安执勤点报警备案。

②调出闭路电视的图像资料，积极配合警方的案件侦破工作。

③财产损失严重时，配合警方对出馆人员进行一一核查，争取在最短时间内弥补损失。

展位安全事件预案　风险指数：★

①参展时发生展台坍塌事件，第一时间与

安保人员取得联系，疏散人员。若有人员受伤，立刻送往医院。

②及时清理展位，找到责任方，处理赔偿事项。

人流量事件预案 风险指数：★★★★

①分普通观众日和特殊观众日，岔开普通人流高峰。

②若部分展位人流量过大，可以由礼仪公关人员进行引导，平衡展位观众。

③若整体人流量过大，进行有效监控，避免发生纠纷。

④若人流量过少，及时去场外发传单，吸引更多路人过来。

供电保障预案 风险指数：★

①包括会展期间的日常供电保障和临时供电保障，由供电公司负责组织实施，其他部门协

助开展工作。

②发生个别停电现象，查看线路，及时恢复供电。

③发生全部停电，检查原因，以最快的速度恢复供电。

设备维护预案 风险指数：★★

①用到计算机展示的参展商遇到电脑病毒而影响展览的，找电脑维护人员立刻进行维修。

②相关展览设备，如投影仪等出现故障，及时进行维修。

经费保障预案 风险指数：★★★

由会展主办方设立会展应急预备款，保障会展突发公共事件应急处置所需经费。

以上是有关会展过程中可能出现的各类事故及应对措施，执行管理组织结构，如图2-4所示。

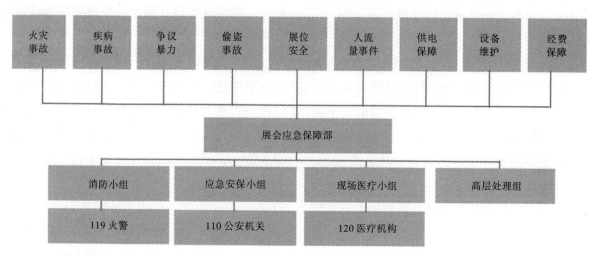

图2-4 会展活动中的应急管理组织结构图

10.案例总结

作为深化策划案，本策划案共分为9个小型独立策划案，每个策划案中都有详细的执行方案，这是深度策划案与初步策划案的显著不同，初步策划案注重概念及项目宏观层面的描述，而深度策划案更加注重对项目微观层面具体细节的组织与安排。

11.问题思考

请用最简洁的语言对上面策划案进行描述，要求不超过500字。

## 2.6.4 本阶段设计工作

设计师在项目进行到这一阶段，需要分担项目形象设计和管理两个方面的任务，由于本阶段的策划案主要用于项目团队内部的交流和执行，因此策划案的编制和文本设计将不再是设计

重点，设计师的工作重心将转到具体的项目形象设计上，具体如下。

（1）在对项目深度理解的基础上，收集有关素材并开始具体的概念设计，如项目品牌形象的基础部分含标志设计（活动 LOGO）、标准字体设计、色彩规划设计、辅助图形设计等。

（2）品牌应用的延伸设计，主要包含办公用品设计，如信封、信笺、名片、招商手册、手提袋等设计。

（3）配合招商进行的系列设计，如招商手册、户外、电视、广播、网络、杂志、官方网站以及各类广告设计等。

（4）配合展期活动进行的系列设计，如开幕式主场设计、会场周边环境设计、各类礼品设计等。

（5）配合展场管理进行的其他设计，如展场标识导向系统设计、工作人员服装设计等。

（6）活动相关的其他设计项目。

值得注意的是，在项目策划案深化过程中，如果设计师能够及时地加入到策划执行团队中去，其项目的设计与策划案的深化过程基本可以同步进行。设计师在进行相关设计项目时，不能被动地等待任务的下达，而应该积极主动地参与到项目的整体策划中去。因为被动地接受任务，往往会使设计师脱离项目本身而只进行简单的形式设计，如能主动参与到项目的策划中去，必然会加深对项目的深度理解，更重要的是，设计师独特的思维模式和创意往往会为策划带来更多思想的火花，能够使策划方案更加出奇制胜。

## 2.6.5 问题思考

问题 1. 面对如此长篇的策划方案，设计师应该如何快速地获取到策划案核心信息？

作为设计师，由于其专业背景带来的思维模式不同，常常对长篇的文本感觉比较迟钝，相反对图形化的语言比较敏感。在会展项目推进过程中，设计师如何快速领会策划案的核心，更加高效地辅助项目执行是一个值得思考的重要问题，作为设计专业的学生可以重点思考以下几点。

（1）宏观把握策划案的框架结构，前期已经获取的信息可以简单略过，这可以大大减少阅读量。与此同时，要对宏观框架进行整理归纳，建立起简单的逻辑结构。

（2）积极参加策划组的会议讨论，长篇的策划案其核心思想都是在各类讨论会中产生并由文案进行整理撰写而最终形成正式文本的。参加会议过程中的讨论，无疑对了解策划的核心内容提供了良好的环境与基础，在这个过程中，设计师不仅作为倾听者，而且要尽可能地提出基本的概念，只有这样设计师才能快速把握项目策划的核心内容。

（3）关键词搜索，设计师在进行概念设计时，往往会通过一系列的关键词来表达自己的创意设计思路，在对策划方案的解读过程中，设计师要发挥这种思维模式的优点，尽可能地避开逐行阅读的方式，对于和策划设计无关的章节可以大篇幅地略读，集中精力关注与设计相关的章节和关键词。

当然，快速获取策划案核心思想的能力和习惯因人而异，也是个人综合能力的表现，此处提出的方法并不适用于所有人，需要结合个人的具体情况具体选择。

问题 2. 为了更好地完成设计工作，设计师需要重点关注哪些方面的具体内容和信息？

## 2.7 前期推广与招商方案策划

会展推广的核心是整体营销，其主要目的是为会展的招商招展做准备，会展推广的质量会对会展的招商招展产生决定性影响，而招展的结果直接决定着整个会展活动的成败。因此，虽然会展推广只是会展项目运作过程中的一个环节，但对整个会展的成功举办起着关键性作用。

### 2.7.1 会展宣传推广策划的基本步骤

（1）首先确定会展宣传推广的基本目标和对象

为了使会展的宣传推广工作有的放矢，需要分阶段地展开宣传推广工作。比如，在会展宣传活动初期，其主要目标在于招展，也就是引起参展商的关注，吸引更多的参展企业参与会展活动，在此基础上再展开会展的招商活动，争取更多的赞助商参与到会展活动中来。当然，根据具体情况的不同，其招商招展的顺序也不是一成不变的，对于品牌展会而言，由于会展自身的影响力，可能招商工作会走在招展的前面。

（2）制定推广预算

会展推广方案中要对宣传推广资金进行预算，在实际操作过程中，会展宣传推广预算可以先按宣传推广渠道的不同来分别制定，然后再将各渠道的预算汇总成会展宣传推广的总预算。从国际普遍做法来看，会展活动举办方一般会将会展预期收入 10% ~ 20% 拿出来作为会展宣传的资金投入。

（3）推广材料的准备

会展的推广活动会贯穿于整个会展活动举办的全过程，从早期推广到中期的运营，会展资料的准备主要包括展前预览、往届回顾、招商招展手册、专题报道、新闻报道、参展参观指南、展期新闻等。

（4）会展推广活动的执行

在推广材料到位的基础上，根据前期确定的不同受众，展开会展活动的宣传推广，主要有各类媒体（电视、报纸、户外广告、网络、数据业务平台等）、推介会以及商务信函等不同方式。

宣传推广策划的目的在于确定需要向外界传递怎样的信息（如会展理解、优势、特点及品牌形象等），实现怎样的效果（不同受众对会展活动的认可程度），归根结底是为会展的招展招商服务的。

### 2.7.2 案例链接

以下是某建材类会展的营销推广方案，其涉及了大量具体的操作细节，与整体阶段的策划案相比，本阶段的策划案在内容方面更加落地，大部分都是可以进行具体实施的工作内容。推广策划案的主要内容包含召开新闻发布会、专业媒体广告推广、同类会展推广计划、大众媒体推广计划、专项宣传推广计划以及会展宣传推广进度计划等。

**某建材会展活动的宣传推广策划案**

1. 新闻发布会计划

（1）召开新闻发布会的时机

本会展从开始筹备到最后开幕，计划进行三次新闻发布会。会展闭幕以后，将进行第四次新闻发布会。

第一次新闻发布会是在会展筹办之初，目的是向新闻界介绍举办会展的时间、地点、办展目的、会展主题、展品范围和会展的发展前景，通过新闻发布会向外界传递信息，主要是起一种"消息发布"和"事件提醒"的作用。

第二次新闻发布会的时间是招展工作结束以后，向外界通报会展的进度和招展情况，吸引会展的目标观众届时前来参观。

第三次新闻发布会是在会展开幕前，对外通报会展的特点、参展商的特点和构成、会展的重量级专业观众、展品范围、贵宾邀请等内容。这次的新闻发布会是最为重要的，必须广泛邀请记者和吸引足够的观众注意。具体的新闻发布会

内容在后面的筹备阶段会进行具体说明。

第四次新闻发布会在会展闭幕以后，主要是向公众公开一些会展的基本信息（参展商数量、交易量、采购商人数等），同时也会公布下一届会展的一些基本安排。

（2）新闻发布会的筹办进度安排

根据展会推广的需要，展会推广期间需要召开一些小的新闻发布会，通过发布会可以正式向社会传递展会的最新进展，本案涉及的相关发布会见表2-6所列。

展会新闻发布会计划表　　　　　　　　　　　　　　　　　　　　　　　表2-6

| 时间 | 发布会地点 | 出席发布会的媒体和相关人员 | 发布会主持人 | 发布会内容 | 发布会的召开程序 |
|---|---|---|---|---|---|
| 2010.3 | ××酒店 | 报纸平面媒体、专业刊物媒体、电视台记者、专栏评论员、网络媒体 | 本展览公司负责人 | 向外界传递信息，主要是起一种"消息发布"和"事件提醒"的作用 | 会展基本信息发布—记者提问 |
| 2011.1 | ××酒店 | 行业协会、商会、专业刊物媒体、电视台记者、网络媒体、报纸平面媒体 | 行业协会负责人 | 向外界通报会展的进度和招展情况，吸引会展的目标观众 | 会展筹备进度信息发布—行业协会与商会合作协议—记者提问 |
| 2011.3 | ××展馆B区B层 | 行业协会、商会、专业刊物媒体、电视台记者、网络媒体、报纸平面媒体 | 政府主管部门官员 | 对外通报会展和参展商的特点、专业观众、展品范围、贵宾邀请等 | 政府官员发言—会展开幕预告 |
| 2011.3 | ××展馆B区B层 | 行业协会、商会、专业刊物媒体、电视台记者、网络媒体、报纸平面媒体 | 本展览公司负责人 | 向公众公开会展的基本信息（参展商数量、人数、交易量、采购商人数等） | 会展总结汇报—下一届会展基本信息公布—记者提问 |

在发布会结束以后，会派遣专门的工作人员负责跟踪和收集各媒体的报道情况，同时也会安排专业媒体进行实地采访拍摄和专题报道。

2.专业媒体推广计划

由于本次会展立足于华南地区，所以主要

的宣传区域也集中在华南地区，特别是广州和深圳地区。选择的专业媒体为会展、节能环保和房地产的领域。由于本会展是首届举办，所以对宣传的投入会较大，以此建立会展的知名度和认知基础，具体投放计划见表2-7所列。

各媒体广告投放计划　　　　　　　　　　　　　　　　　　　　　　　表2-7

| 媒体名称 | 期数 | 时间 | 推广形式 | 规格尺寸 | 价格（元） | 金额合计（元） | 备注 |
|---|---|---|---|---|---|---|---|
| ×××× | 3期 | 2010.12~2011.3 | 广告、专题报道 | 1/2内页 170mm×112mm | 48.000 | 144.000 | 杂志（月刊） |
| ×××× | 6期 | 2010.9~2011.3 | 广告、专题报道 | 1/2内页 375mm×112mm | 50.000 | 300.000 | 杂志（月刊） |
| ×××× | 3期 | 2010.12~2011.3 | 广告、专题报道 | 1/2内页 170mm×112mm | 48.000 | 144.000 | 杂志（月刊） |

续表

| 媒体名称 | 期数 | 时间 | 推广形式 | 规格尺寸 | 价格（元） | 金额合计（元） | 备注 |
|---|---|---|---|---|---|---|---|
| ×××× | 3 期 | 2010.12~2011.3 | 广告、专题报道 | 插页<br>210mm×297mm | 8.000 | 24.000 | 杂志（季刊） |
| ×××× | 3 期 | 2010.12~2011.3 | 广告、专题报道 | 1/2 内页<br>102mm×275mm | 70.000 | 210.000 | 杂志（月刊） |
| ×××× | 5 次 | 2010.12~2011.3 | 广告、专题报道 | 1/3 版<br>320mm×160mm<br>（六栏） | 86.200 | 431.000 | 报纸 |
| ×××× | 一年 | 2010.3~2011.3 | 广告、专题报道 | 首页顶部<br>468×60 像素 | 3.000 元/月 | 36.000 | 网站 |
| ×××× | 一年 | 2010.3~2011.3 | 广告、专题报道 | 首页顶部<br>468×60 像素 | 2.500 元/月 | 30.000 | 网站 |

### 3. 同类会展推广计划

计划与北京、上海、天津等较知名的建材展建立长期的合作关系，通过互换展位、互相在对方展位上设立会展进行宣传推广；在对方会展的会刊里刊登本会展的信息和宣传广告；互相在对方会展的专门网站里发布关于本会展的信息和广告；互相建立友情链接；委托对方展会年会在会展里适当的地方如信息咨询台等地派发本会展的宣传资料。本展会在同类展会中的推广活动见表 2-8 所列。

同类展会的推广活动安排　　　　　　　　　　表2-8

| 会展名称 | 时间 | 推广形式 | 费用预算（元） | 推广目标 | 备注 |
|---|---|---|---|---|---|
| 中国（北京）国际建筑装饰及材料博览会 | 2010.3.15 ~ 2010.3.18 | 互换展位、会刊刊登广告、网站广告和友情链接 | 20,000 | 宣传会展知名度，引起专业观众的注意 | 到该会展进行实地宣传 |
| 上海装饰建材展览会 | 2010.3.31 ~ 2010.4.1 | 会刊刊登广告、网站广告和友情链接 | 10,000 | 扩大会展知名度 | |
| 中国（天津）国际建筑节能与新型建材展览会 | 2010.4.26 ~ 2010.4.28 | 互换展位、会刊刊登广告、网站广告和友情链接 | 20,000 | 吸引同类型客源，吸引参展商 | 到该会展进行实地宣传 |
| 中国生态建筑建材及城市建设博览会 | 2010.6.3 ~ 2010.6.5 | 会刊刊登广告、网站广告和友情链接、代发资料 | 10,000 | 扩大会展知名度，吸引参展商 | |
| 中国国际建筑与建筑装饰材料（天津）展览会 | 2010.6.23 ~ 2010.6.25 | 会刊刊登广告、网站广告和友情链接、代发资料 | 10,000 | 扩大会展知名度 | |
| 中国（上海）国际建筑节能及新型建材展览会 | 2010.8.17 ~ 2010.8.20 | 互换展位、会刊刊登广告、网站广告和友情链接 | 25,000 | 吸引同类型客源，吸引参展商 | 到该会展进行实地宣传 |

### 4. 大众媒体推广计划

大众媒体推广计划分为两种不同类型：一是间歇时间的宣传，包括了一些点击率高的网站和合作报纸，定期发布会展的信息和筹备进度，需要大众媒体对本会展进行跟踪报道；第二种是会展开幕之前的大规模媒体集中宣传，在较短时间内迅速形成强大的宣传攻势。

大众媒体的选择是省内发行的报纸和本市地铁广告。报纸宣传上面，选定的两个长期合作方是××日报和××晚报，会展会与这两个机构保持长期的合作关系，及时更新会展的信息，尽可能开展会展的专题跟踪报道。同时，在省内其他报纸上面做短期的广告宣传。具体见表 2-9 所列。

本案大众媒体的推广计划　　　　　　　　　　　　表2-9

| 媒体类型 | 推广形式 | 规格尺寸 | 时间 | 地点 | 价格 | 金额合计（元） | 备注 |
|---|---|---|---|---|---|---|---|
| 广州日报 | 跟踪报道 | 480×340mm（全版）A1叠 | 不定期 | 省内 | 369600元/套 | 369600 | 长期合作、跟踪报道 |
| 羊城晚报 | 跟踪报道 | 240×360mm A1版 | 不定期 | 省内 | 425700元/套 | 425700 | 长期合作、跟踪报道 |
| 南方日报 | 广告宣传 | 245×310mm 普通版 | 开展前两周 | 市内 | 96300元/套 | 192600 | |
| 羊城地铁报 | 广告宣传 | 350×240mm 1/2版 | 开展前两周 | 市内 | 6500元/次 | 65000 | |
| 新快报 | 广告宣传 | 170×240mm 1/2版 | 开展前两周 | 市内 | 346000元/套 | 692000 | |
| 信息时报 | 广告宣传 | 165×230mm 1/2版 | 开展前两周 | 省内 | 110000元/套 | 220000 | |
| 南方都市报 | 广告宣传 | 170×240mm 1/2版 | 开展前两周 | 省内 | 115100RMB/套 | 230200 | |
| 地铁广告 | 广告宣传 | 7.2m² 灯箱 | 开展前一个月 | 市内 | 350000元/月 | 350000 | |

5. 专项宣传推广计划

针对重要目标群体，本会展通过采取一些特殊的宣传手段以达到会展整体宣传目标。包括人员推广，直接与客户建立联系；直接邮寄，针对性强，效果较好；公共关系宣传，通过支持和组织各种社会活动，建立品牌等相关活动可以积聚人气，是短时间宣传的好方法。具体计划及活动安排见表2-10所列。

本案专项推广计划　　　　　　　　　　　　表2-10

| 推广形式 | 推广时间 | 推广地点 | 推广目标 | 费用预算（元） | 备注 |
|---|---|---|---|---|---|
| 人员推广 | 2010.3~2011.3 | 省内 | 直接与目标市场客户建立联系，长期跟踪 | 100000 | 注意信息及时反馈和收集 |
| 直接邮寄 | 2010.6~2011.3 | 省内 | 向目标客户邮寄会展宣传资料，增强印象 | 50000 | 依赖于客户数据库的完整性和准确性 |
| 公共关系 | 2010.9~2011.3 | 市内 | 建立良好的社会形象和经营环境，扩大会展的影响 | 50000 | 着眼于会展的形象和长期发展 |
| 相关活动 | 2011.1~2011.3 | 市内 | 扩大会展知名度 | 50000 | |

6. 会展宣传推广进度计划

为了更好地配合会展筹备、招展和招商等工作的需要，对会展的宣传推广工作及其要达到的效果进行统筹规划和事先安排。会展的宣传工作必须严格地按照阶段开展，并对各阶段的宣传推广效果及时进行检查。具体见表2-11所列。

本案整体宣传推广进度计划　　　　　　　　　　　　　　　　表2-11

| 时间 | 宣传推广组合 | 宣传推广措施 | 计划达到的宣传推广效果 |
|---|---|---|---|
| 2010.3 | 专业媒体 + 大众媒体 | 新闻发布会 + 合作报纸与网站的报道 | 迅速提高会展的知名度，同时向公众告知将有这样的一个会展要举办 |
| 2010.6 | 同类型会展宣传 + 专业推介 | 同类型会展合作 + 人员拜访 | 有针对性地开展宣传，联系重要观众 |
| 2010.9 | 相关活动 + 专项宣传 + 大众媒体 | 公共关系活动 + 户外大型活动 + 新闻发布会 | 扩大会展的社会影响，建立会展的良好形象 |
| 2010.12 | 相关活动 + 专项宣传 | 重要客户跟踪拜访 + 户外活动 | 扩大知名度 |
| 2011.3 | 专业媒体 + 大众宣传 | 新闻发布会 + 合作报纸与网站的报道 + 大规模平面广告 | 短时间内形成轰动效益，吸引更多的社会关注 |

7. 案例总结

本营销推广案例内容具体详细，对每个具体推广活动前后注意的事项和具体执行计划进行了描述，制定了每次活动推广的明确目的，突出特点是将大量具体的工作进行了详细安排。此类推广方案的制定要求对相关市场信息有较为准确的把握，如各类媒体的市场价格区间等。

## 2.7.3　本阶段的设计工作

本阶段项目正式进入到实质运行阶段，因为会展活动本身是市场行为，其来自政府的补贴和支持相对比较有限，必须依靠市场本身实现会展活动自身运营所需的基本资金，甚至会展活动的经济效益一定程度上也来自会展的招商招展。因此，招商是会展项目后期运营资金的来源之一，招商工作的进度和成果直接影响到会展活动的整体成败。

在招商招展过程中起重要作用的是会展品牌形象的设计，良好的品牌形象会极大地提高赞助商和参展商对展会的信心。这一阶段的设计，主要有以下特点。

（1）设计内容的落地和最终调整。在项目深度策划阶段，设计相对还停留在概念和形式的表达阶段，大量具体信息还无法完全确定下来，而在本阶段，设计的主要工作是根据具体信息对大量宣传资料进行深化设计，设计呈现的是最终完整的推广用品，具体如招商手册的编制、招商的具体办法和流程等，与之同步进行的还有其他会展广告的投放工作。

（2）设计与管理整合。本阶段对会展品牌形象的管理具体表现在标准色彩、标准字体以及组合规范的具体应用，通过整体管理可以使最终形象始终保持一致与完整性，这对会展品牌的形成具有积极作用。在一般企业形象设计应用过程中，"重设计而轻管理"是一种常见现象，大量企业花费很大的精力和资金进行品牌形象的设计，然而在使用过程中由于缺乏必要的管理而降低了原来的设计品质。稳定的企业形象品牌执行尚且存在这样的问题，相对临时性的会展活动的品牌管理更应该引起项目管理者的高度重视。

## 2.7.4　问题思考

1. 推广阶段设计师有哪些具体的设计工作？

2. 与前一阶段的设计相比，本阶段的设计存在什么特点？

3. 为了准确地完成本阶段的设计任务，设计师需要重点获取哪些方面的具体信息？

# 2.8 中期招展策划及管理

## 2.8.1 招展策划案的基本框架结构

招展策划案作为招展活动的基础资料，基本包含以下几个部分的内容，具体形式表现为完整的招展手册。

（1）会展介绍。这一部分包含会展名称、时间地点、主办承办单位、会展规模、策划推广、媒体支持等具体信息，主要让参展者宏观了解会展的综合影响力和权威性，确定参加会展的必要性。

（2）本届会展的亮点。通过本届会展主题理念的介绍，深入阐述此次会展与以往会展的不同。

（3）往届回顾。通过对以往会展的数据回顾，进一步树立此次会展的影响力。

（4）会展空间的总体布局和展位价格介绍。

（5）相关服务。会展组展方提供的相关服务。

（6）展位申请表。

（7）其他联系信息。

## 2.8.2 招展活动的具体步骤

（1）项目组确定人员分工，各自负责不同的区域。

（2）分头了解行业信息、行业政策、行业内的知名企业。

（3）通过行业网站、大众媒体等多种渠道搜集信息（对信息要有敏感度）。

（4）初步联络。主要通过电话沟通、传真、邮件等方式把项目的相关资料发给客户，并锁定第一批有效信息。

（5）电话跟踪拜访锁定目标（要求：打对电话，找准负责人）。在对方收到大会资料后进行第一次跟踪拜访，一般会产生三种客户：

即时决定型。约5%，针对这部分客户应尽快确定并签下参展合同。

断然拒绝型：约10%，了解拒绝的原因，为下次沟通打好基础。

提出异议型：约75%，问清客户需求和异议，进行第二次电话拜访，消除顾客顾虑，根据情况定期回访，回访时间间隔不宜太长。

（6）确定参展。看到客户有意向参展时，要尽快敲定，话语要简单有力度。

（7）促成汇款。企业选好展位回传报名表，要尽快与展商联系，告知规定时间内汇款。

（8）参展确认及运输通知。保持与参展商的沟通，一般情况是离开展20天左右发放参展确认书，并就展品运输等相关事宜进行充分沟通。

## 2.8.3 本阶段设计师工作

### 1.设计工作

（1）展场空间设计

本阶段的设计工作主要集中在展场空间规划和招展书设计方面，其中场地的空间规划是招展书的组成内容。空间规划设计的依据和原则如下：

1）展场空间规划设计依据

现有参展商的基本需求情况调研以及组展商已有的客户资源，是进行具体展场空间规划设计工作的基本依据。

2）展场空间规划设计的原则

展场规划的基本原则是主次分开，流线顺畅。主次分开即根据会展主题，确定会展的核心展示内容，比如汽车展，其主体必然是各品牌系列的汽车产品，其他相关服务和周边产品是会展的补充（如网络销售与服务、装潢以及汽车配件等）。根据这种主次关系，必然会将位置优越、开放的空间用于汽车产品展示，而其他展示内容应布置在相对次要的位置；流线顺畅主要是指整个展场的人流动线的规划设计，实际上人流动线与场馆的空间布局是紧密联系的，空间布局决定了展馆人流的基本状况。在人流动线设计方面，除展馆内部的参观人流外，展馆外部的交通流线同样需要整体考虑，主要是根据展馆周边现有的交通条件，综合交通枢纽、户外广场、停车场等进行综合规划，以最优化的设计解决展会整体的交通问题。

（2）招展手册设计

招展手册实际即是招展策划案的具体表现形式，良好的招展手册会大大提升会展项目的整体品质，对招展活动也将带来积极的影响，一般包含如下几个部分：

1）展会概况。

2）往届展会回顾。

3）展位价格和相关服务。

4）参展申请表。

5）会议联系方式。

**2.管理工作**

除了以上对场馆整体的空间规划、人流动线以及招展手册的设计外，作为设计师，本阶段应该积极参与到招展活动的执行与管理中去，原因如下：

（1）提高会展的招展和管理效率。由于设计师从事展馆的空间规划和招展手册的具体设计，其对场馆的整体空间结构有较为深刻的认识，在招展过程中，设计师对各展区的招展情况进行有效管理，便于招展过程中根据不同类型参展企业的数量变化，及时对展馆空间做出必要的调整。

（2）为下一阶段的布展工作奠定基础。设计师对场馆和招展的熟知程度会大大提高下一阶段会展的布展效率和管理水平，布展阶段除了协调管理各参展企业的布展外还涉及整个场馆内外的交通导向设置。

## 2.8.4　案例链接

### 2011年上海国际车展招展手册的内容组织和设计

展会概况。主要是会展相关的基础信息，本设计很好地将展会形象与具体信息组织到一起，信息结构层级清晰，具有很强的阅读性。另外右侧会展内容和理念的设计也很好地表达了"创新与未来"的主题（空白图片的处理带来了未来感）。如图 2-5 所示。

往届展会情况回顾。通过数据和图表设计，形象地介绍了历次会展的概况，以数据阐明上海国际车展的规模和行业影响力，设计将枯燥的数字转化为了极易理解的图表，很好地辅助了文字信息的传达，如图 2-6 所示。

会展展位的价格和组展方提供的其他服务介绍，版面设计依然贯彻了简洁现代的风格特征，信息的可读性仍然是设计的亮点，如图 2-7 所示。

参展申请表格设计，通过不同的表格单元，将不同类别的信息进行归类，信息结构清晰，具有很强的阅读性，这是平面设计最基本的要求，如图 2-8 所示。

案例来源：上海国际车展官网

## 2.8.5　问题思考

为了做好设计和管理工作，设计师需要重点关注理解哪些方面的具体内容和信息？

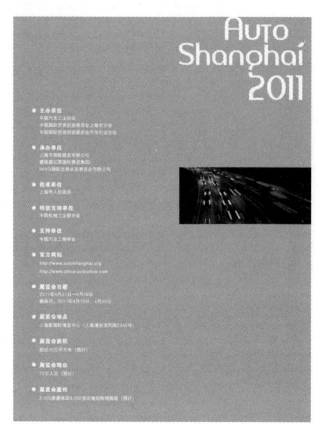

图2-5 展会概况设计

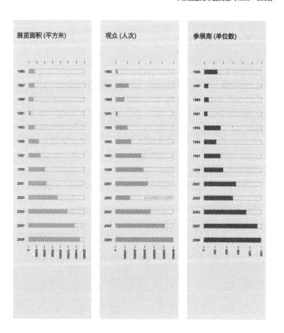

图2-6 往届展会回顾

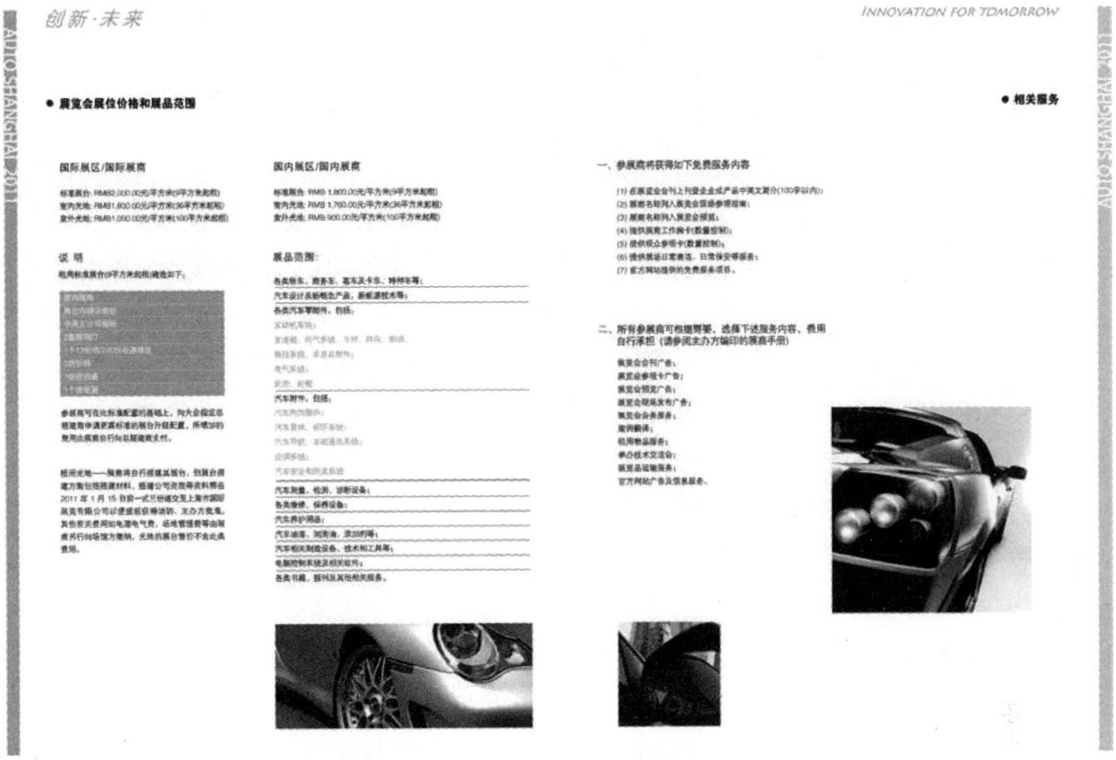


图2-7　展位价格和相关服务

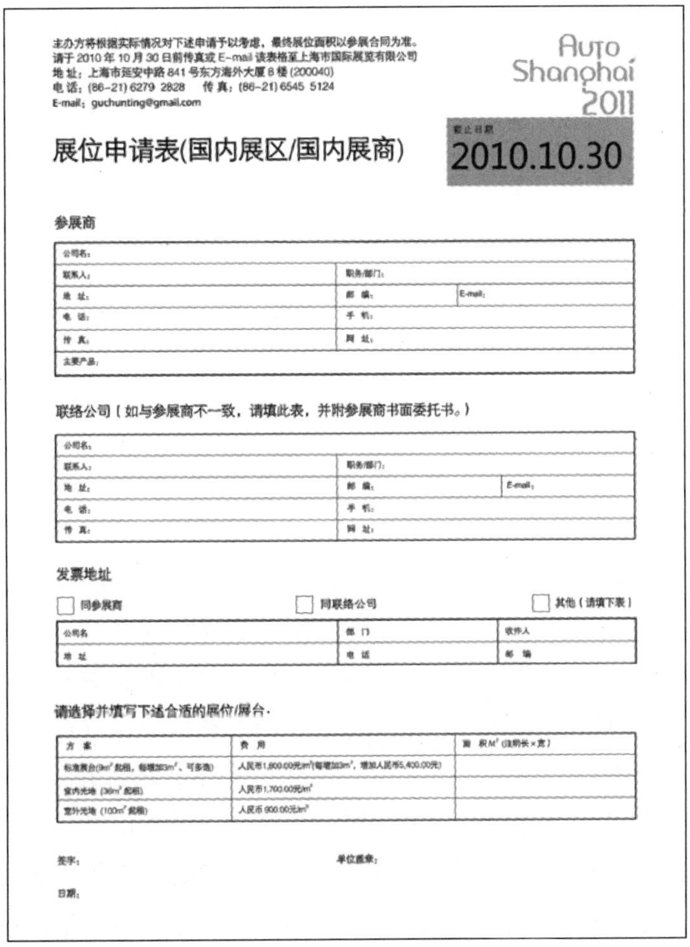

主办方将根据实际情况对下述申请予以考虑，最终展位面积以参展合同为准。
请于 2010 年 10 月 30 日前传真或 E-mail 该表格至上海市国际展览有限公司
地 址：上海市延安中路 841 号东方海外大厦 8 楼 (200040)
电 话：(86-21) 6279 2828　　传 真：(86-21) 6545 5124
E-mail：guchunting@gmail.com

Auto Shanghai 2011

截止日期
2010.10.30

展位申请表(国内展区/国内展商)

参展商

| | | |
|---|---|---|
| 公司名： | | |
| 联系人： | 职务/部门： | |
| 地 址： | 邮 编： | E-mail： |
| 电 话： | 手 机： | |
| 传 真： | 网 址： | |
| 主要产品： | | |

联络公司（如与参展商不一致，请填此表，并附参展商书面委托书。）

| | | |
|---|---|---|
| 公司名： | | |
| 联系人： | 职务/部门： | |
| 地 址： | 邮 编： | E-mail： |
| 电 话： | 手 机： | |
| 传 真： | 网 址： | |

发票地址

☐ 同参展商　　☐ 同联络公司　　☐ 其他（请填下表）

| | | |
|---|---|---|
| 公司名 | 部 门 | 收件人 |
| 地 址 | 电 话 | 邮 编 |

请选择并填写下述合适的展位/展台.

| 方 案 | 费 用 | 面 积 $M^2$ (注明长×宽) |
|---|---|---|
| 标准展台(9m² 起租，每增加3m²、可多选) | 人民币1,800.00元/m²(每增加3m²，增加人民币5,400.00元) | |
| 室内光地（36m² 起租） | 人民币1,700.00元/m² | |
| 室外光地（100m² 起租） | 人民币 900.00元/m² | |

签字：　　　　单位盖章：

日期：

图2-8　参展申请表

# 2.9 布展与管理

## 2.9.1 前期准备

对组展商而言，在招展活动接近尾声时，必须积极地投入到展前的准备工作，只有这样才能保证会展活动的如期举办（展前准备工作一般始于开展前约10个工作日），具体工作内容如下：

（1）参展确认。招展过程中部分企业已经完成参展合同的签订并支付了参展费用，对于这类企业可以进行简单的展前信息提醒，要求参展企业尽早准备相关参展事宜并准时参展。对于在招展过程中尚未签订参展合同的客户，或者已签参展合同但并未完成参展费用支付的企业，需要在本阶段尽快完成参展信息的确认与缴费，确保参展企业如期参展。

（2）重要嘉宾的邀约。重要嘉宾的邀请是会展活动中非常重要的一环，根据前期会展推广的宣传内容，本阶段需要对参会嘉宾进行进一步的信息确认，如因特殊情况原定嘉宾无法如期参会，应该尽早提出替代方案，因为重要嘉宾的参展对展会后期的推广及展会的整体质量都有重要的影响。一般会展重要嘉宾包括会展主管部门领导以及行业内的专家学者等。

（3）确定服务商。会展服务商主要指为会展提供现场布展的企业，如会场搭建商、广告制造商等，展前准备阶段必须根据会展的各项定位，依照程序选择为会展服务的各类服务商，会展服务商服务的对象包括会展组展商和参展企业，具体内容涉及会展现场的包装、导向系统、现场布置以及开幕仪式的执行等。

（4）完成开展仪式活动策划案。为保证会展顺利开展，展前必须对会展开幕仪式进行详细周全的策划。开幕仪式的策划通常由会展组展商和服务商共同完成，由于服务商在仪式活动策划

执行方面的专业优势，可以最大程度地整合服务商，充分发挥服务商的积极主动性，而组展商可以将更多精力放在整体项目的综合管理上（具体如下一步的布展现场的协同管理）。

## 2.9.2 布展管理

组展商在布展阶段的管理工作主要体现在以下几个方面：

（1）安排确认参展商的布展工作，开展前2~3天是所有参展商进场布展的集中时间，对组展商而言，一方面要进行整个场馆的包装执行工作，包括开幕仪式的场地布置等，另一方面组织管理参展商的布展活动是组展商本阶段工作的核心内容。对来自各地的参展企业而言，仅依靠前期招展文本中的规划方案或展馆平面，很难熟悉会展场馆的具体情况，这就需要组展单位组织相关人员对大量的参展企业、单位或个人进行积极引导与安排，帮助他们尽快地熟悉场馆的具体情况和基础设施（如水电的使用要求等）。

（2）协调场馆与参展商的布展工作。不同类型会展活动，参展商对参展活动准备的程度也不尽相同，在布展过程中，需要有大量与展馆单位进行配合的工作，如各种临时运输工具的借用、展品的临时存放等，这都需要组展商前期与展馆单位进行深入地沟通，并在布展过程中积极协助参展单位进行布展。

（3）协调解决临时出现的其他问题。由于展馆、组展单位以及参展单位所处的立场不同，其在布展过程中很难避免有各类临时或突发情况的发生，作为组展单位应该以前期与参展商制定的各种约定以及参展商与展馆方签订的各类文件为

依据，积极协调参展方与展馆方、参展方与参展方以及参展方与组展方之间可能发生的各种问题。

除了开展仪式和会展现场的布展外，组展方的布展工作还包括同期活动现场的布展准备工作，如论坛、新产品新技术交流会、晚宴酒会、培训、演出、评选颁奖会等。

### 2.9.3　本阶段设计工作

会展进行到布展设施阶段，主体的概念深化设计工作已经完成，工作的主要内容集中在对设计的最终完稿和设计跟踪执行方面，具体如下：

（1）会展现场的完稿设计。虽然整个会展活动会按照预先制定的工作流程执行，但实际项目运作过程中，并不是所有的工作内容都有明确的边界，很多工作会处在两个流程的中间，甚至某些会贯穿在整个流程之中，比如有些赞助企业或单位的参展合同可能会拖到布展前期，那么展会的现场赞助商的具体信息也难以及时确定，而这些信息都是赞助商希望在展会上呈现的，因此直到开展前期，可能仍然有部分信息处在摇摆不定或变化状态之中，这就需要设计师在会展布展的最后阶段予以确认和完稿设计，这也是设计不断深化落地的过程。

（2）配合服务商进行会展现场的形象包装执行。会展布展阶段的形象包装主要集中在展场内外的公共空间，具体如会展导向系统的布置，为配合会展开展，前期规划设计的导向系统也要进入全面的制作和布置，包括其他各类职能导向系统也需要在本阶段调试完成。除此之外，设计工作还会延展到对项目前期设计的具体执行管理，如保持与服务商的及时沟通、保证项目前期设计的规范执行等。

（3）同期活动相关的应用设计。会展项目到达布展阶段，招展活动基本进入尾声，大量展期同步进行的各类会议和活动也必须最终确定。在本阶段为更好地开展同期举办的各类会议及主题活动，需要对相关用品的应用进行深化设计，如会议现场的选址和布置、会议材料的准备与制作等。

### 2.9.4　问题思考

1. 布展阶段设计师有哪些具体的工作？

2. 为了做好以上工作，设计师需要重点关注理解哪些方面的具体内容和信息？

## 2.10　开幕仪式策划及开展执行

开幕仪式的策划是会展活动的正式开始，也是会展规模和影响力最直接的表现。当然，不同的会展类型，其开幕式的意义也不尽相同。对大型商业博览会而言，开幕式的成功举办会极大地增加参展企业和专业观众对会展活动的信心，对会展整体的运营质量有重要的影响，特别是大型综合性活动，开幕式往往也会被赋予极其特别的意义，如北京2008年奥运会开幕式本身就是奥运盛会的重要组成部分。而对小型行业展览会或艺术展之类的展览活动，开幕式则没有太多实质性作用和意义。

### 2.10.1 开幕仪式的基本要求

从目前会展活动开幕式的举办情况看,总体而言会展开幕式的举办出现了一股从简趋势,而组展商更加关注为参展商提供更多务实的服务,但是对于特定类型的会展活动,开幕式仍是其中重要的一个环节。结合会展自身的需要和专业活动执行单位的经验,会展开幕仪式的策划重点主要有以下几个方面:

#### 1.主题突出

开幕式作为会展活动中的一个环节,体现会展活动的主题是其基本要求,在开幕式策划设计与执行过程中,主题表现的重点常常集中在对仪式舞台的整体设计上,舞台设计的重点又表现在舞台的造型和背景两个方面,对于临时性的会展活动,造型设计会较大地增加成本和施工难度,通常会通过舞台背景的设计实现对会展主题的表现,当然这也并非一概而论。

#### 2.气氛提升

提升会展活动的气氛是举办开幕仪式的直接目的,就提升气氛的方法而言常常有如下一些方式,如在开幕现场布置大型氢气球、小型飞行器、条幅、仪仗队或文艺表演(中西风格)、烟火礼花、放飞飞鸽以及背景音乐等,另外根据会展活动主题,其他具有针对性的高科技手法也常常会用在各类开幕仪式上。

#### 3.安全问题

当前开幕式安全问题逐渐开始强调所有与会人员的安全,应急预案措施也开始考虑得更加全面周到。开幕现场的安全问题可能体现在以下几个方面:

(1)合理的功能划分。主席台,嘉宾站立(座位),礼仪小姐等候区,礼炮放置及朝向,舞狮队和军乐队,观众区。保安的位置部署便于应对随时出现的意外情况。

(2)人流动线合理。应保持人流的相对静止,并准备特殊通道,以防意外情况的发生。

(3)舞台搭建稳固。即便会展舞台是临时性的,但仍然要充分考虑到舞台的承重能力,避免坍塌。

(4)音响设备配置完善。保证音响的功率能够使声音清晰地传递到每位参加者耳中。如有视频则需足够大的屏幕,或者在多个地方安置屏幕,避免因观众的自然流动带来安全问题。

(5)设定合理的安全距离。包括舞台与观者以及嘉宾席与观众席之间的距离。

### 2.10.2 案例链接

#### 名特优产品(成都)展示展销会开幕式方案

1.活动概况

(1)时间:20××年×月×日(星期×)9:30—11:00

(2)地点:成都市××会展中心5号馆

2.出席人员

出席人员(邀请700人):

(1)政府领导

(2)参展企业代表

(3)成都市参会企业代表

(4)新闻记者

(5)社会各界人士代表

主席台人员:

(1)领导和贵宾(VIP,共计×人左右,列主席台)

(2)具体名单:

3.活动流程

(1)迎宾

1)专职人员接待领导进VIP休息室(提前放置会刊、宣传报纸、贵宾站位图等)。

2)参会企业代表入场。

(2)开幕式流程

会前准备工作:

1)9:00主会场做好迎宾准备。工作人员全部到位，对现场环境及设备进行最后检查。

2）9：15，现场播放暖场音乐，吸引观众。

3）9：20 起，展馆外场（5 号馆大门外）间断上演传统川味表演舞龙舞狮、川剧变脸等热场表演。9：50 停。

4）9：52 起，播放开幕式会场配乐。9：58-10：00，由礼仪引导贵宾登上主席台（根据预先制定的站位图）。

开幕式议程：

1）10：00 配乐停，主持人介绍领导和嘉宾。

2）10：05-10：25，各有关领导致辞。

3）10：25-10：30，名特优产品（成都）展示展销会开幕（主席台两边鸣放冷焰火、迎宾礼花，外场舞龙舞狮、川剧变脸等表演再次上演，场馆内播放音乐等）。

4）10：30-10：35 请领导嘉宾在主席台合照留念。

5）10：35 开幕式结束，引导领导和贵宾巡馆（两地新闻媒体全程跟踪拍摄报道）。

巡馆线路及流程（建议时间约 50 分钟）：

1）10：30－10：35，开幕式结束，领导准备巡馆。

2）10：35－10：40，巡察序馆。

3）10：40－11：25，巡察各展区。

4）11：25－11：30，巡馆结束，离开展馆（安排就餐）。

**4.现场布置**

（1）主席台

1）主席台台口宽 18m，深 6m，离地高 0.5m，背景板宽 18m，高 8m。

2）主席台设立式话筒 4 支，左右各 2 支，供主持人、领导致辞用。另备无线话筒 1 支。

3）音响及调音师：1000W 音箱 4 个，350W 返听音箱 2 个，调音师 1 名现场操控。

4）主席台地面贴贵宾站位序号，领导按序号站位。

（2）环境

1）主席台台口及两侧布置鲜花绿植。

2）主席台前侧台口边缘设置冷焰火一排，主席台两侧设置迎宾礼花若干。

3）在开幕式区域与展示展销区域设置隔离，开幕式结束前，禁止非工作人员进入展示展销区域。

（3）展馆外场布置

1）现场布置升空气球 ×× 个，垂挂活动标语（内容另定）。

2）开幕式外场及展览馆入口处布置气模（拱门）合计 ×× 座（文字稿另定）。

3）道旗 ×× 面（内容另定）。

4）展馆入口处两旁分列参展商名录及展位分布图（喷绘）。

（4）贵宾休息室

1）休息室提前摆放茶水、水果、手巾、会刊、宣传报纸、贵宾站位图，室内提前摆放台花 4 盆。

2）工作人员按照分工，负责联系贵宾出发及到达现场时间，引领贵宾在贵宾休息室签到，佩戴胸花，了解主席台站位图。

（5）观众区

观众区位于主席台下正前方，不安置座椅，铺设红地毯（40m×10m）。两头设"嘉宾区"标识牌，预留场地供 VIP 站立，其余观众自由站立。

**5.保安、礼仪、摄像**

（1）礼仪配备

1）休息室安排 2 名礼仪人员接待及佩戴胸花、倒茶水。

2）4 名负责站门口迎宾。

3）开幕式开始前，2 名礼仪小姐负责引领领导上主席台。开幕式开始时，8 名礼仪小姐统一分列主席台台下两侧。

4）开幕式结束后，2 名负责引领贵宾参观展区。其余 6 名礼仪小姐讯速集中至会展门厅，列队迎候贵宾和观众。

（2）保安配备

场馆内外配备保安 ×× 名，分别负责引导车辆停放、入口安检、场馆秩序维护和巡查等，具体各位置人员配备安排视现场情况而定。

（3）摄影、摄像

整个活动重要环节，安排摄影、摄像，留存资料。

6. 问题思考

请用最简洁的语言，全面有重点地对上面的策划案例进行描述，要求不超过500字。

## 2.10.3 开展工作

开幕仪式结束后，工作开始转向组织观众有序入场。观众入场一般分为两种主要情况：

1）对于行业博览会，会展的展期分为两个主要阶段，即前期专业观众和后期一般普通观众参观。前期专业观众的参观活动一般都是凭参观证入场参观，证件发放常常由参展商赠送指定客户或者向组委会申请注册的方式。参展商一般会在参展报名阶段申请足够的参观证发放给自己的客户，自行注册方式则常常通过网络或电话方式取得注册，提前领票入场，也有些会展活动可以进行现场注册取票入场。后一阶段面向普通观众的展览活动在入场许可方面一般较为宽松，常常安排在会展结束前的 1 ~ 2 天时间。

2）其他消费类的展览在观众入场参观方面也基本有两种情况，即购票入场和免费入场。如每年的大型车展一般会通过购票入场，其原因在于通过会展，汽车产品在成交时可以得到比平时更多的优惠。而其他如婚博会等直接面向消费者的展销会则常常无需购票便可直接入场，这类会展很大程度上属于售卖会。

无论会展在观众参观时属于哪种情况，目前会展观众组织参展的趋势是借助计算机管理系统对参展者实行登记参观，然后通过对参展者的信息进行分类处理，可以为参展商提供更多具有针对性的信息资源。

## 2.10.4 开展后的其他工作

正式开展后，作为组展商需要在会展期间提供大量具体的服务工作和为进一步推广会展进行其他工作，具体如下：

1）媒体联络。保持与各类媒体广泛接触，争取更多对会展的相关报道，增加展期期间会展的影响力。

2）信息及时发布。主要把会展进行过程中的各类同期活动及时向参展商发布。

3）客户服务。针对展期客户提出的各种需求提供及时的服务。

## 2.10.5 本阶段的设计工作

随着会展正式开幕，会展项目的整体设计工作逐步结束，但展期中仍有大量与设计有关的具体工作，如协助推广部及时发布不同的媒体广告，展开会展同期活动的相关设计，如会议论坛现场的布置等，总体而言设计师开始逐渐由设计向执行管理的角色转变。

## 2.10.6 问题思考

1. 设计师在开幕式结束后还有哪些具体工作？

2. 为了做好以上工作，设计师需要重点关注理解哪些方面的具体内容和信息？

# 2.11 同期活动与展会管理

## 2.11.1 展期活动的类型

会展活动的正式开展意味着大量"同期活动"也将陆续展开，比如各种主题论坛、交流会议、社交晚宴以及各种联欢晚会等，各类专题会议及组展商和参展商、参展商与其客户之间的联谊活动等构成了会展开展期间同期活动的主要内容。

## 2.11.2 联谊会的组织与策划

联谊会通常由大量文艺节目表演为主，主要用来提升组展商与参展商、参展商与参展商以及参展商与其客户之间的关系感情，联谊会的组织策划应遵循以下几点原则：

（1）场地就近原则。最好选择会展场馆自身配备的多功能厅，便利的交通方式可以为参与者带来最大的方便。

（2）设施配套齐全。联谊会的场地和设施配套要能满足各种活动的基本需要，如既能进行文艺表演又能进行独立的私人交流。

（3）气氛轻松。联谊会虽然以商业合作为最终目的，但是毕竟与正式的会展交流活动存在很大不同，其主要是通过一种非正式的交流达成与会者之间的情感交流，是正式商业合作的基础。

（4）定向邀约。对参加联谊会的展商或组织代表发出邀请，联谊会是组织间的交流活动，而非一般性的公众娱乐活动，定向邀约的主要对象是与展会有相对密切关系的组织或组织代表。

## 2.11.3 案例链接

### 经销商联谊会

1. 活动主题

缤纷精彩，欢乐温馨，尽在××之夜。

2. 活动构思

（1）晚会营造缤纷热烈的现场气氛，以强调品牌特性、凸显企业凝聚力。

（2）专业舞台中央耸立着××品牌为活动主题设计的背景板，背景内容在餐会进行之时与晚会开场时都不相同，突出主题；节目精彩纷呈，必令来宾深切感受到愉悦温馨、喜庆、轻松的氛围。

（3）主舞台上方除大厅原有灯光，另增加追光灯、加换色器的 AC 灯、PAR 灯等气氛效果灯，烟雾机、泡泡机等联合应用使舞台效果更加完美。

（4）整台晚会以缤纷、时尚节目为主：司仪为 ×× 大型晚会主持，节目内容有模特走秀、魔术、吉它、小提琴表演等。

（5）特邀嘉宾著名演员奉上精彩演唱，将晚会气氛推向高潮。

3. 活动流程

文艺表演活动的策划和具体内容安排需要根据活动主题的基本要求进行设置与编排，对不同节目内容在计划制定时要做到全面周到的考虑，特别是节目之间的衔接与过渡要自然，所有这些应该在节目策划流程单上有具体的体现（表2-12）。

4. 活动预算

文艺表演活动的财务预算要具体，对具体设备的数量、品牌以及参数要有明确的标注（表2-13）。

节目的设置和具体安排　　　　　　　　　　　　　表2-12

| | 时间 | 节目 | 人员 | 备注 |
|---|---|---|---|---|
| 1 | 30' | 迎宾弦乐四重奏演奏 | ××乐团 | 营造缤纷浪漫的氛围（宾客入场时由工作人员指引填写抽奖券放入抽奖箱） |
| 2 | 6' | 模特热场 | 优秀职业模特 | 舞台效果综合运用，司仪上模特退 |
| 3 | 5' | 司仪开场白，介绍当晚活动安排，邀请领导上台致辞（待定） | 大型综艺晚会节目主持人 | 用机智幽默的串词营造现场欢乐祥和的氛围 |
| 4 | 5' | 领导嘉宾致辞 | 待定 | |
| 5 | 10' | 青春劲歌热舞组合 | 待定 | |
| 6 | 10' | 魔术表演 | 魔术师（待定） | |
| 7 | 5' | 司仪串词 | 请出现场观众上台参加抽奖 | 有奖问答 |
| 8 | 10' | 司仪串词，游戏环节 | 司仪、观众、模特 | 超级模仿秀 |
| 9 | 8' | 吉它、小提琴合奏 | 优秀专业乐手、舞蹈演员 | 新颖的表演形式，高雅的艺术，优美的乐曲 |
| 10 | 10' | 滑稽小丑表演 | ××杂技团 | 展现专业的功底 |
| 11 | 8' | 司仪串词，拉丁舞表演 | 优秀专业选手 | 热辣火爆的拉丁舞，激情表现力 |
| 12 | 10' | 司仪串词，游戏环节 | 司仪 | 互动游戏 |
| 13 | 5' | 司仪串词 | 请出现场观众上台参加抽奖 | 抽出现场幸运观众上台参加有奖问答 |
| 14 | 10' | 特邀嘉宾演唱 | 待定 | |
| 15 | 10' | 特邀嘉宾演唱 | 待定 | |
| 16 | 10' | 司仪串词 | 再次请出领导嘉宾及（待定）上台抽出大奖 | |
| 17 | 10' | 嘉宾合唱 | 最后一首时所有模特着红色晚装，铺满舞台，预示着××品牌必将满堂红 | |
| 18 | | 活动结束，全体演员上台谢幕，邀请嘉宾上台拍照合影，同时放响碎花礼炮、冷感礼花，整个舞台色彩缤纷，喜气洋洋 | | |

文艺表演活动预算清单　　　　　　　　　　　　　表2-13

| 内容 | | 数量与规格 | 金额（元） |
|---|---|---|---|
| 舞台 | 专业舞台 | 荧光板发光舞台 | 5000 |
| | | 专业灯光架 | 4000 |
| | 舞台背景板及喷画制作（两块） | 宽12m，高2.5m | 5000 |
| 舞台气氛用配置 | 烟雾机 | 400元×2台 | 800 |
| | 泡泡机 | 500元×2台 | 1000 |
| | 专用舞台碎纸地炮 | 300元×4支 | 1200 |
| 灯光 | 筒灯 | 60元×20支 | 1200 |
| | 碘钨灯 | 60元×16支 | 960 |
| | AC灯 | 60元×32支 | 1920 |
| | 追光灯 | 1200元×2支 | 2400 |
| | 所需调光台（电脑灯台及普通台） | | 1200 |
| 专业舞台音响 | 调音台 | 24路 | 4000元 |
| | 功放 | 4040 | |
| | 均衡 | 31段 | |
| | 音箱 | ES808 18寸超低音 | |
| | 返送 | 802二代 | |
| | 返送 | 12吋监听 | |

续表

| 内容 | | 数量与规格 | 金额（元） |
|---|---|---|---|
| 专业舞台音响 | 人声效果器 | | 4000 元 |
| | 无线麦 | HT80 3700 UHF | |
| | 有线麦 | SM58 | |
| | 压缩器 | | |
| | 分频器 | | |
| 演出人员 | 司仪 | 大型综艺晚会主持人（待定） | 5000 元 |
| | | 大型综艺晚会主持人（待定） | 3500 元 |
| | 迎宾演奏：×× 乐团管弦乐队 | 800 元 / 人 ×4 人 | 3200 元 |
| | 劲歌热舞组合 | | 3000 元 |
| | 吉它、小提琴演奏及伴舞 | 专业乐手及优秀伴舞演员 | 4000 元 |
| | 滑稽小丑 | ×× 杂技团演员 | 1500 元 |
| | 魔术演员 | ×× 杂技团演员 | 1500 元 |
| | 魔术表演派发的礼物 | 由甲方负责 | |
| | 拉丁舞 | 优秀少年选手：1500 元 / 对 ×2 对 | 3000 元 |
| | 模特（含演出服装） | 8 人 | 10400 元 |
| | 抽奖奖品及游戏礼品 | 由甲方负责 | |
| | 花篮、礼仪小姐 | 由甲方负责 | |
| | 气氛灯笼 | 由甲方负责，乙方安装 | |
| 抽奖箱同抽奖奖品 | | 由甲方负责 | |
| 碎花礼炮 | | 待定 | |
| 活动组织编排策划费及工人人工 | | 5000 元 | |
| 共计： | | 68780.00 元（以上价格不含税） | |

特邀嘉宾费用：

| 姓名 | 费用 |
|---|---|
| 待定 | 70000 元（包含往返机票、食宿） |
| 待定 | 10000 元 |

5. 问题思考

请用最简洁的语言，全面有重点地对上面的策划案例进行描述，要求不超过 500 字。

## 2.11.4　本阶段设计工作

本阶段的设计工作主要集中在对会议现场的布置，包括活动现场的舞美设计、现场气氛环境的塑造、会议相关的物料设计、活动礼品的准备等。

## 2.11.5　问题思考

1. 会展同期活动有哪些具体形式，有哪些具体的设计内容？

2. 为了做好同期活动的相关设计，设计师需要重点关注理解哪些方面的具体内容和信息？

# 2.12 会展闭幕活动策划

闭幕式与开幕式在流程和要求上并没有太大的区别（详细流程和要求见开幕仪式策划章节）。对会展活动而言，闭幕活动形式常常由各类酒会、晚宴或颁奖会组成，活动本身的作用和意义如下。

## 2.12.1 闭幕会的作用

（1）获取更多的商业机会

闭幕活动在会展整个活动中的作用，会因具体会展的类型存在一定的差异。酒会和晚宴的作用主要是扩大企业间的进一步交流，作为会展活动的必要补充，甚至一定程度上，这种非正式的交流作用会远远超过展会上的正式交流，因为个人情感对企业的决策造成的影响是客观存在且绝不能小视的。

（2）助推营销

闭幕活动的重要形式之一是会议的颁奖活动，而颁奖会的作用不仅仅是表面的荣誉问题，对大多数企业而言，参加具有权威性的行业会展并获得重要奖项，本身就是对企业的肯定（缺乏规范和权威性的评奖活动除外），除了颁奖会现场的口碑宣传，奖项本身也会为企业后续的宣传提供更有说服力的素材，所以应该站在更多的角度思考会展活动闭幕式的意义。

## 2.12.2 案例链接

### "中小企业的可持续成长"颁奖典礼策划方案

前言：

中国中小企业的优势也许是"初生牛犊不怕虎"，"船小好掉头"或"一招鲜，吃遍天"，但年轻、灵活或局部技术领先的优势往往又很脆弱，很难在多变数的市场环境下保持持续的竞争力。中小企业如何靠提高自身竞争力来实现可持续增长，企业上台阶将要面对哪些"坎儿"，企业做大要采取什么样的策略，是否引进风险投资，是准备上市还是并购等。"今日领袖"与"未来领袖"的对话将会对中小企业的持续发展有所启示。

1. 主题

中小企业的可持续成长

2. 议题

（1）创业企业家与投资者关系

（2）成长与管理的矛盾

（3）中小企业的战略

3. 组织机构

主办单位

支持单位

媒体支持

网络支持

4. 举办时间、地点

时间：20××年10月15日14：00—20：00

地点：北京××饭店

5. 议程安排

13：30 - 14：00　签到。

14：00 - 14：05　主持人致开场白，介绍参会嘉宾。

14：05 - 14：12　×××致辞。

14：12 - 14：20　×××致辞。

14：20 - 15：00　20××中国企业"未来之星"颁奖典礼。

15：00 - 15：30　茶歇（20××未来之星和嘉宾合影）。

15：30 - 18：30 "中小企业的可持续成长"圆桌论坛。

（1）创业企业家与投资者关系

（2）成长与管理的矛盾

（3）中小企业的战略

18：30 - 20：00 晚宴。

6. 邀请嘉宾

略

案例来源：http://www.kj-cy.cn/htm/201436/47382.htm

### 2.12.3 本阶段设计工作

颁奖会作为展期收尾阶段的重要会议活动，主体的设计在方案深化和后续准备阶段已经基本完成，本阶段除了常规的会议物料设计外，根据会展活动评奖的结果，其他如奖品、奖杯的设计制作等也是本阶段的设计内容。

# 2.13 后续总结与跟踪服务

## 2.13.1 会展总结的作用和意义

会展结束后积极进行工作总结，对组展方而言能够及时发现活动举办的不足之处，且能够通过总结为参展商提供更多的后续服务，同时也会对会展品牌的形成积累丰富的经验。

## 2.13.2 会展总结的内容框架

（1）会展概况。会展的举办情况概述。

（2）会展亮点。总结会展与以往的不同，以及本次会展的核心成果。

（3）展商概况。总结行业内的企业参展状况，对以后参展商参展决策起到一定的参考作用，也是会展权威性和影响力的体现。

（4）观众情况。总结各类观众的构成比例和参观目的，对参展商而言是会展活动的核心问题。

（5）同期活动。总结同期活动的举办情况和成效，可以为更多的参展企业提供更多的信息资源和商业机会。

（6）媒体推广情况。总结运用了哪些媒体进行项目推广、进行了哪些相关内容的报道。

（7）会展服务。总结会展过程中服务方面存在的问题与不足。

## 2.13.3 会展的后续服务

会展的后续服务主要体现在对参展商的回访进而信息资源共享，并在会展结束后积极保持与参展商的联系。虽然会展期间各参展商都会竭尽全力地接待更多的客户，但与组展方通过门票登记收集的信息相比仍然非常有限，组展方如能在后期将观众信息进行分类统计，并有针对性地分享给参展商，对参展商而言将是一个不小的收获。

## 2.13.4 案例链接

**2013上海国际乐器展览会总结报告**

1. 展会总体概况

（1）会展规模达 92000m²，参展商 1680 家。

（2）国内外观众数量质量显著提升，参观

人数达 68621 名。

（3）提琴文化活动、MC音乐课堂首次亮相，广受业界好评。

（4）会展商贸、文化、教育的多元化平台已日趋明显。

（5）会展逆势上扬，内涵、影响力均实现了质的飞跃。

2013上海国际乐器展览会（Music China 2013）于10月13日在××国际博览中心圆满闭幕。会展自创办至今，广受业内赞誉，吸引了无数海内外的生产商、经销商、专业买家、教育家、演奏家、政府机构、行业协会等，成为了乐器界的国际性年度盛会。

中国的传统音乐文化和历史源远流长，中国经济的日益稳步发展和中央政府对文化建设的战略性重视，为乐器展的进一步发展提供了良好的基础，会展的前景充满希望。在未来的文化大发展中，乐器展将着力于完善和加强会展商贸、教育、文化的多元化平台，深化会展内涵，创建优质的参展环境，打造以乐器为载体的全球音乐文化展。

2.展商概况

2013年全球经济增长依然缓慢，欧美经济仍未完全走出金融危机的阴霾，出口市场持续低迷；国内经济整体虽稳中有增，但各方面成本的上升使企业生存发展遭遇了前所未有的困难。对此，主办方不断加强海外宣传推广的力度与深度，为广大国内企业挖掘更多国际潜在市场与买家；同时，顺应我国的文化发展趋势，扩大内需市场，为广大企业拓展音乐教育和大众音乐生活市场，以增强国内外企业的参展信心。今年会展逆势增长，展出面积、参展企业数量的增长幅度均好于预期。本届会展规模增至 92000m²，共有来自29个国家和地区的1680家企业参展，较去年有小幅增长，国家和地区展团共11个，芬兰展团首次参展，日本展团大幅扩大展位面积，国内营口、泰兴等地区，政府也积极组团参会，乐器展的业界影响力已日益凸显，并获得了广大参展企业的认可。

各个国内外知名乐器企业和品牌携新品、精品参加展示。民乐、提琴专区统一规划与包装后，既改善了整体区域的展示形象，又杜绝了拼展现象，在增强会展国际化的同时，"一中一西"的展区划分，为会展增添了亮丽的色彩，体现了乐器展独有的特色。

3.观众概况

会展四天共吸引了来自国内外86个国家和地区的68621名观众共赴此次盛会，比去年增加了14%，其中国内观众65218名，海外观众3403名，专业观众的数量和质量均有质的飞跃。为更好地提升广大参展企业的参展效果，寻找更多的专业买家与商机，主办方实施了一系列行之有效的宣传推广方案。海外推广的持续投入，宣传广度的扩大，使得今年的海外观众数量在欧美经济复苏乏力的情况下增加了近5%，现场也达成了较多的采购与合作意向。国内乐器市场较为活跃，加上政府的利好政策，配以主办方全方位的观众推广方案以及培育潜在音乐市场的各项活动与措施，为会展带来了经销代理商、音乐院校、文艺乐团等高质量的专业买家。主办方长久以来的市场培育效果显现，民众学习乐器的热情空前高涨，虽然展期仅有最后一天为休息日，却没有减弱广大终端消费者的观展热情，展馆内人气爆满。通过多年的努力，乐器展的观众数量质量在以往长期积累的基础上，逐年扩大与提升，今年更是取得了前所未有的成绩，得到了国内外参展商、行业组织、政府机构等业界人士的广泛好评。观众数据分析，92%的展商对现场订单表示满意；94%的展商通过会展建立了新的业务关系；96%的展商对观众质量表示满意；92%的展商对观众数量予以肯定。观众兴趣分析、观众构成分析以及参观目的分析，见表2-14～表2-16所列。

| 观众感兴趣的产品 | 表2-14 |
| --- | --- |
| 民族乐器 | 44% |
| 铜管、木管乐器 | 33% |

续表

| | |
|---|---|
| 钢琴及键盘 | 31% |
| 弦乐器 | 30% |
| 乐器配件 | 22% |
| 打击乐器 | 22% |
| 电声乐器 | 22% |
| 乐谱 | 17% |
| 口琴、手风琴 | 12% |
| 音乐相关电脑硬件、软件 | 12% |
| 协会、媒体 | 6% |
| 其他 | 2% |

数据显示，民族乐器、管乐器、钢琴、弦乐器依然是观众最为感兴趣的产品。

| 观众构成分析 | 表2-15 |
|---|---|
| 音乐类院校及音乐培训机构 | 19% |
| 零售、批发 | 17% |
| 青少年活动中心、幼儿园、中小学、大学 | 14% |
| 文艺团体 | 12% |
| 进出口、代理 | 13% |
| 制造商 | 12% |
| 媒体 | 2% |
| 协会 | 2% |
| 其他 | 9% |

来自音乐类培训机构、音乐院校、零售批发、文艺团体的专业观众仍占据了较大的比例，青少年活动中心、幼儿园、中小学、大学的终端用户人群也上升了 2 个百分点，会展专业化程度提升的同时，音乐爱好者的关注度也日益增加。

| 参观目的分析 | 表2-16 |
|---|---|
| 参加会议论坛 | 38% |
| 看样订货 | 33% |
| 收集市场和产品信息 | 26% |
| 寻求合作伙伴 | 14% |

续表

| | |
|---|---|
| 观看现场表演 | 11% |
| 比较不同产品、供货商、同行竞争者 | 11% |
| 联络固有的供应商和销售商 | 10% |

今年参加会议论坛的比例有大幅度的增长，观众在看样订货、收集信息与寻求合作伙伴的同时，积极参与会展同期的会议，获取行业最新资讯，了解市场，提高自身综合素养。

4. 同期活动

（1）行业论坛

此次论坛通过对中外专家进行的深度专访，全面展现了当今中国乐器行业的发展特色以及未来态势，共吸引了 256 名专业听众，活动内容引发了与会者的空前关注与广泛好评。

（2）大学课程

8 节大学课程既包括助推发展中琴行稳定提升、再求突破的专业意见指导，也有帮助新开琴行破冰启航、打入市场的实际操作建议。听众共 1782 名，增加了 22%，会场一座难求，充分印证了这些定制的内容契合广大从业者对于专业知识与成功经验的渴求。

（3）华乐国际论坛

名家系列讲坛、笛艺交流展示、低音拉弦乐器发展论坛等内容，立体诠释了中国传统乐器的音乐魅力与文化力量。论坛全程免费开放，为公众提供领略大师风采、感受民乐经典的绝佳机会。现场吸引了约 1100 名听众热情参与，增长了 30% 左右。

（4）提琴文化系列活动

今年首创的提琴文化系列活动，包括大师工坊、主题论坛与名琴展示三大内容。"大师工坊"邀请到三位国内最顶尖的制琴大师，以及三位来自意大利的国际顶尖提琴制作师加盟，现场展示饰缘、F 孔以及琴码装配等制作工艺。"主题论坛"由中国提琴演奏大师制作大师、收藏名宿共同参与，与 200 多名听众共绘提琴艺术。此外，名琴展区还展出了 15 把跨越中西古今的经典提琴作品，其中，既有1692年的价值600万美金的史特拉迪瓦里小提琴，也有19世纪的Rocca、Vuillaume欧洲古琴，为广大提琴爱好者提供了与世界顶级制作大师和顶级提琴的零距离交流平台。

（5）音乐课堂

音乐教育不仅关系到中国乐器的市场前景，更是国民素养提升的重要内核。今年会展首次举办围绕音乐教育的主题活动，为全国范围内从事大众音乐教育的从业者提供崭新的交流平台。现场吸引了1120名听众，分别参与了五节教育课堂内容。主办方希望通过此类活动，挖掘潜在音乐教育市场，培育音乐人口，助推音乐普及工作，促使整个行业良性发展。

（6）音乐缤纷季——现场演奏会

外广场的三个敞开式舞台，四天展期内呈现了近百场震撼人心的音乐演出。众多知名品牌形象代言人、明星乐手亲临现场，带来不间断的风格演出，尽情展现了电声、打击乐、弦乐等不同器乐的魅力。

5.媒体推广综述

专业媒体方面，会展选择了15家杂志和8家网站，在展前、展中及展后对会展进行跟踪报道，根据不同杂志、网站的用户群体细分，进行更为有针对性的宣传，取得了不错的效果。与此同时，通过会展官网、微信、微博等多种途径相结合的方式，定期发布会展资讯、活动内容、观展配套服务等，并与观众和展商进行实时互动，更便捷有效地获取会展资讯。公众媒体方面，选择了在7个电视频道、12个电视栏目、3个电台频率、7个广播栏目和8家点击率较高的门户网站进行宣传。此外，今年会展首次召开新闻发布会，邀请到了各界媒体，借助政府平台进行会展预热，并在便利店、演出机构、健身会所、幼儿园、语言培训机构、外企人力资源机构、社区街道文化馆等刊登户外灯箱广告、发放资料，进一步扩大了会展的前期宣传。

6.会展服务

从意见征询表的统计情况来看，主办方的服务得到了众多参展企业的认可，98%的展商对主办方展前工作持满意态度，97%的展商对主办方现场服务予以肯定。就今年企业反映比较集中的问题，主办方会与场馆或其他相关部门进行沟通，积极寻找解决方案。

（1）音控问题

虽然今年在往年的基础上已经加强管理力度，但噪声的影响依然严重，对此主办方今后将加强展馆规划，安静馆严禁使用任何扩声设备，有声馆加强表演时间段的音量控制，对于违反企业将采取严正的处罚措施。同时，也希望参展企业能积极配合，自觉遵守相关规定，共创良好的会展环境。

（2）班车

有很多观众与展商反映馆内电瓶车与地铁班车较少，且地铁班车的指引标志不多，没有相关人员指引，明年主办方也会加强这方面的管理。

（3）黑物流

今年有小部分参展企业在会展撤展时遭遇了假冒的货运公司，以致企业交付展品后货物并没有及时回运到指定地点。主办方得知后立即汇总企业名单，与展馆、警署进行了多次交涉，得到了相应的处理方案。对此，主办方也向展馆指出，今后需加强保安巡场与监督，也请广大参展企业提高警惕，尽可能使用主办方指定的国内货运公司安排货物回运。

报告来源：中国（上海）国际乐器展组委会

## 2.13.5 问题思考

1.请用最简洁的语言，全面有重点地对上面的总结报告进行描述，要求不超过500字。

2.为什么要进行会展项目总结，项目总结的意义是什么？

# 2.14 会展活动流程回顾与总结

设计师加入会展项目的策划执行团队，工作的核心内容是进行会展品牌的设计、维护及管理工作，通过以上章节的分析可以看出，设计师在项目流程中的作用并非仅仅是作为单纯的设计师，随着项目的进展设计师自身的角色也在不断地发生着改变。在项目初期论证阶段，设计师的工作主要集中在对方案可行性的理解，在理解内容的基础上辅助项目可行性的表达，主要是通过对文本内容的形象化设计来实现；在项目立项后的推广阶段，设计师作为项目执行团队的重要力量对项目进行全面的形象设计，其包括项目品牌识别和大量延展应用的设计；在会展项目进入到实施阶段，设计师需要同时担任设计师和管理者的双重角色，一方面要继续大量应用设计的落地工作，另一方面又要配合项目团队参与项目的布展执行管理。直到项目闭幕式结束后，设计师的工作才基本结束，而后项目进入到总结和后续服务。具体见表 2-17 所列。

设计师在会展项目过程中的
工作内容及角色变化　　表2-17

| 流程阶段 | 项目进度 | 工作内容 | 充当角色 |
| --- | --- | --- | --- |
| 市场调研与可行性分析 | 项目启动阶段 | 文本设计，为项目申报做准备 | 设计师 |
| 会展活动初步策划 | | | |
| 项目申报与审批 | 申报阶段 | 无 | |

续表

| 流程阶段 | 项目进度 | 工作内容 | 充当角色 |
| --- | --- | --- | --- |
| 项目深度策划与设计 | 会展推广阶段 | 1. 项目整体形象设计<br>2. 项目形象应用延展设计<br>3. 同期会议活动的基础设计（包含形象及延展应用基础设计） | 设计师 |
| 前期推广与招商策划 | | | |
| 中期招展 | | 配合项目招展与客户管理 | |
| 展前布展与管理 | 会展运行阶段 | 形象执行与管理 | 设计与执行管理 |
| 开幕仪式策划与开展 | | 同期活动的形象深化设计（内容确定） | |
| 同期活动与管理 | | 同期活动的形象设计与执行管理 | |
| 会展闭幕活动策划 | | 项目形象的后期执行 | |
| 后续总结与跟踪服务 | 展后收尾阶段 | 退出项目执行团队 | |

通过以上设计师不同阶段的工作内容重点可以发现，作为会展设计师，其需要有多方面的综合能力，既要有设计能力，又要有策划、执行与管理的能力，会展设计师一专多能的要求开始逐步体现出来。

# 2.15 问题思考

## 1.会展品牌

众所周知，会展项目同传统项目一样，同样需要品牌，而品牌的形成并非朝夕之间就可完成，对品牌的理解也同样需要综合考虑，不能简单地将其归结为单纯的形象设计。

对传统制造业而言，品牌形成的基础首先是过硬的产品品质，形象设计是品牌形成的重要途径之一，良好的品牌设计会加快推动品牌的形成。除此之外，其他如良好的服务、前沿的技术等都是品牌形成的重要组成部分。与传统制造业品牌的形成过程相比，会展项目的品牌形成存在着一定的差异。首先，会展项目没有提供物理性的产品，而是通过服务来实现项目的自身价值，进而形成品牌。总体而言，会展品牌形成的影响因素存在于以下几个方面。

（1）丰富的信息资源。会展项目需要有足够多的参展方带来相对丰富的展品，这是会展项目品牌形成的基础，等同于传统制造业提供的客观产品，当然与之对应的还要有足够多的专业观众。

（2）先进的办展理念和优质服务，先进的办展理念主要表现在以参展商为中心，尽可能地通过多种渠道为参展商创造价值。

（3）持续完善的办展频率。品牌形成是一个不断积累的过程，任何会展都不能因为一时的成功而形成具有巨大影响力的品牌，良好的会展品牌必须有多次成功的办展经历，才能在业界内形成良好的口碑。

（4）专业机构和政策的支持。行业内的协会和研究会以及政府主管单位的支持是展会品牌形成的又一重要影响要素。

当然，会展品牌形成的原因远不止以上几个方面，它需要策划和设计执行团队在更多的角度为之付出共同努力。

## 2.开闭幕仪式的问题讨论

纵观整个会展项目的运作流程，每一步的工作都为下一阶段的工作奠定了良好的基础，整个流程必须循序渐进地推进，因为进程中的每一步都会对整个会展项目的圆满完成产生重要影响，特别是项目的深度策划和招商招展工作，这是整个会展项目的核心内容。当然,其他如会展申报、布展和服务方面的内容也是整个会展活动中不可或缺的环节，这在业内基本能够形成共识。在所有环节中，唯有开闭幕式成为了近些年讨论较多的话题，综合来看主要有两种观点：

（1）对开闭幕式持肯定态度

持肯定态度的人认为，会展开闭幕式，特别是开幕式是整个会展活动的开始，代表着整个会展项目的整体品质和影响力。不仅如此，开闭幕式还会为参展商带来重要的商机。

（2）对开闭幕式持否定态度

持否定态度的人认为，会展组展方花费大量的金钱和精力投入到开闭幕式中，一方面会分散其为参展商提供具体服务的精力，另外大量政府和商界的交流反而会滋生出很多腐败问题，开闭幕式就是一种华而不实的摆设，对会展活动的成功举办没有实际意义。在这种观点影响下，的确有些会展已经不再举办隆重的开闭幕式。

事实上，是否举办开闭幕式的问题并不能一概而论，应该根据会展项目本身的特点，有必要的项目应该在节约的基本前提下，尽可能隆重，而对一些没有实际要求的项目，也要果断取消没有实际意义的开闭幕式活动。

# 第 3 章
# 会展参展方的策划管理与运作流程

**本章导读**

本章从参展商的角度系统分析了参展活动的整个流程，并介绍了在整个流程中设计师在不同阶段的工作内容和具体所担当的角色。参展企业作为一个独立组织，与组展方相比，其在参展活动中需要涉及的工作量相对较小，由于只关系本企业内部的相关事务，因此相对也比较单纯，在流程上同样也比较简单。具体有如下几个小节：

（1）收集展会信息

（2）确定参加会展

（3）明确参展流程

（4）制定参展策划案

（5）展前准备

（6）布展及展期工作

（7）会后工作

（8）参展活动流程与总结

（9）问题思考

## 3.1 收集展会信息

对参展企业而言，目前名目繁多的展会应接不暇，究竟何时何地参加哪个展会需要企业立足自身实际，根据自身的需求作出判断，而选择展会的第一步即是收集足够全面的会展信息。一般会展信息的收集主要有两个渠道。

（1）主动搜集相关的会展信息

主要通过会展信息网和相关专业杂志获取会展信息，随着信息化建设的推进，相对知名的会展已经完全可以通过网络进行搜集整理。从国际、国内到区域型的会展信息应有尽有（详见附录信息，国内外相关会展网站）。另外，专业杂志是获取会展信息的另一重要渠道，与各类会展的官方网站不同，专业杂志除了各种展会的信息发布外，还有大量对会展进行评价和评估的学术文章，这可以从另外一个角度深入了解各类会展的区别，也可以在更深的层次了解整个会展业的发展趋势问题，从而为企业参展决策的制定提供参考。

（2）接收来自各会展主办方的参展邀请

当前会展的举办方一般会通过各种信息渠道获得参展企业的相关信息，组织方一般都会向行业内比较知名的企业发出参展邀请，作为企业需要有相关部门负责收集会展信息，并负责信息的初步分析以供企业决策层参考。

参与收集展会信息的相关人员除了专业负责部门外，还包括其他如企业办公室、市场营销部等相关人员，他们会根据自身圈子的特点积极提供和本企业密切相关的展会信息，经综合整理后上报公司决策层。

## 3.2 确定参加会展

中国会展业的发展可以用飞速来形容，1997年，全年举办的各类展览会数量第一次达到1000个，短短10年，这一数字在2006年跃升至3800个。全球拥有的展览会的主题，在中国市场上都能找到，新主题的会展几无可开发的可能。在这种情况下，确定参加哪个会展本身就是一种全面策划，既要系统考虑全年的不同会展，还要综合自身实际，以获取商业竞争优势为根本目的，运用运筹学的思维确定本单位需要参加的展会。其实，确定参加展会的过程本身就是一个策划过程，包括了对各种环境、参展目的、竞争对手等大量问题的可行性分析。

任何企业，无论其管理多么现代化、管理机制多么规范，都无法完全摆脱人的主观性。作为企业参展决策的制定，一方面来自专业策划人员站在专业角度对事情的利弊进行综合分析，进而作出相对理性的判断。而另一方面从企业法人或最高管理者角度，其自身的主观判断也会对企业决策产生重要的影响。对企业是否参展而言，一般由策划专业人员提出可行性意见，最后通过管理集体或个人最终作出参展决策。

# 3.3  明确参展流程

参展决策一旦确定，参展企业的负责部门需要根据不同主办方的要求，明确此次会展的具体参展流程，指定专人负责与会展举办方取得联系，然后根据程序展开相关的具体参展工作。当然，根据不同展会主办方的运作模式，企业参展的流程常常也会有一定的差异。国内会展参展的一般流程如图 3-1 所示；对于国外展览会，由于涉及更多诸如海关、税收及法律法规方面的问题，其流程相对较为复杂，具体如图 3-2 所示。

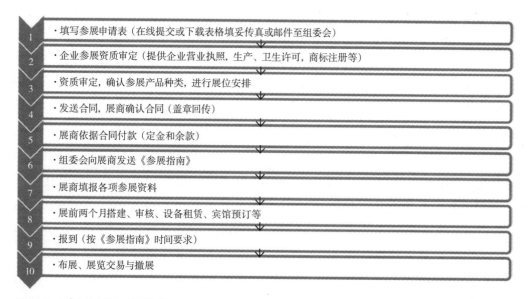

1 · 填写参展申请表（在线提交或下载表格填妥传真或邮件至组委会）
2 · 企业参展资质审定（提供企业营业执照，生产、卫生许可，商标注册等）
3 · 资质审定，确认参展产品种类，进行展位安排
4 · 发送合同，展商确认合同（盖章回传）
5 · 展商依据合同付款（定金和余款）
6 · 组委会向展商发送《参展指南》
7 · 展商填报各项参展资料
8 · 展前两个月搭建、审核、设备租赁、宾馆预订等
9 · 报到（按《参展指南》时间要求）
10 · 布展、展览交易与撤展

图3-1  国内参展的一般流程

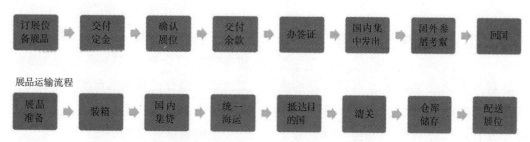

订展位备展品 → 交付定金 → 确认展位 → 交付余款 → 办签证 → 国内集中发出 → 国外参展考察 → 回国

展品运输流程

展品准备 → 装箱 → 国内集货 → 统一海运 → 抵达目的国 → 清关 → 仓库储存 → 配送展位

图3-2  国外会展的参展及展品运输流程

# 3.4 制定参展策划案

凡事预则立，不预则废。企业参加不同的展览会必须有完备的参展计划，良好的参展策划案可以极大提高企业参展的效率。目前，企业参展策划案的撰写一般分为三种情况：

（1）大型企业公司一般会聘请专业策展机构或咨询公司完成参展策划案的撰写，同时企业也会由参展业务部门负责与专业公司进行对接。

（2）中型公司的策划案常常由公司自身的策划部门完成，这类公司一般都有相对完整的策划营销团队。

（3）对于小型公司而言，为了节约成本，策划案的完成则往往会由企业行政管理、营销或市场开发部进行策展并组织实施。

当然，企业参展策划案的制定会因企业管理模式的不同存在很大差异，中型甚至小型企业也可以聘请专业策展公司进行策划服务，问题的关键并不在于策划案由哪些团队完成，而在于策划案本身的深度、可行性及专业性。

企业参展策划案的制定与执行，其团队人员的构成主要包括策划、管理与设计人员。策划人员主要负责参展方案的制定；设计人员主要负责展位设计、办公及宣传物料的相关设计与制作以及筹备参展物品；而管理者主要作为项目负责人宏观协调各方关系，整体把控参展活动的顺利进行。

## 3.4.1 参展策划案的框架结构

参展策划方案的撰写是企业参展活动的前期工作，良好的策划方案能够有效推进会展活动的进程，有利于实现企业的参展目的，或者说可以提高参展活动的成功率。就策划案本身来讲，一份完整的企业参展策划案应包含以下基本内容：

### 1.会展概况

主要介绍会展的规模大小、主办和承办单位、会展举办的时间地点以及在业内影响力等基本信息。

### 2.企业参展的必要性分析

企业参展的必要性分析可以通过SWOT工具对企业面临的各种情况进行客观的分析，以此判断企业参展的作用和价值，是企业参展决策制定的主要依据。

SWOT理论首先由哈佛大学的安德鲁斯（Andrews）于1971年在《公司战略概念》中提出，在20世纪80年代初由美国圣弗朗西斯科大学管理学教授韦里克提出了完整的理论，经常被用于企业战略制定、竞争对手分析等场合，是企业营销管理领域一个被广泛应用的策划工具。其基本的含义是通过一系列的数据资料和相关论据，理性分析企业面临的优势（Strength）、不足（Weakness）、机会（Opportunity）和威胁（Threats）。

这种方法可以客观明了地认识企业当时面临的各种复杂环境，通过以上几个方面的分析可以为企业机构制定具有针对性的推广策略提供依据。在具体分析策划过程中，有时也会将这一工具拆分成不同的组合，如优势——机会（SO）组合、弱点——机会（WO）组合、优势——威胁（ST）组合和弱点——威胁（WT）组合等。无论哪种组合，其根本目的都是为了形成对企业客观情况的理性认识。

### 3.明确参展目的

通过SWOT工具进行全面分析后，如果决

定参加此次会展，那么在具体参展计划制定前，首先要明确参展的基本目的。根据企业自身的具体情况，不同企业也会有不同的参展目的。一般而言，企业参展的目的常常表现在以下一些方面：

（1）获取销售订单，促进现有产品的销售。

（2）新品发布，在展会上发布最新研发的产品。

（3）获取新的信息，主要是相关产业和同行竞争对手的情报信息。

（4）接触新客户与分销商，扩大市场，提高市场占有率，寻找出口与合作的机会。

（5）提升企业形象,壮大企业员工的士气等。

对参展企业而言，参展目的的制定应该立足于参展企业的实际情况，实事求是地制定客观可行的目的，那种大而全且口号化的参展目的并不利于企业参展活动的具体执行，参展目的越务实，参展执行的效率会越高。明确了自身的参展目的，接下来便是制定详细的参展策略与计划。

### 4.参展策略与计划

通过什么样的策略来达到已经制定的目的，这是整个策划案的核心内容。

参展策略是指一个企业准备用何种方式达到本企业参展的基本目的。对小企业而言，其参展目的相对比较单一，因而参展策略可能也相对比较简单，比如常见的会以获取订单扩大销售为基本目的；对中型乃至大型企业而言，由于其企业规模相对较大，参展目的也必然相对更多（如新品发布、形象宣传等），为了实现参展的各类目的，企业必须在参展前制定详细的策略并形成具体的计划。策略一般侧重宏观层面的谋略，而计划往往会更加具体，计划是策略的具体化表现。在参展策略与计划中，为更好地实现企业的参展目的，往往会采取多种方法。以提高展位人气为例，为了在展会期间获得更多的人气和关注程度，可对原有客户进行定向邀请，并举办不同层次的联谊会，以此增加会展期间企业展位的客户光顾频率，并造成企业人气旺盛的景象;另外，

也可以根据展品的特点准备不同形式的奖品或礼品来吸引各类参观者；还可以邀请社会公众人物和名人主持企业的展期活动，如企业产品的形象代言人等。以上只是参展策略环节当中的某些具体方法，其实策略讲求的是一个整体系统组合，要把参展活动中的创意点通过一份详细的参展计划串接起来，共同影响促进企业的整个参展活动过程。

### 5.制定参展计划

参展计划是将参展活动具体化的过程，其中参展策略中提到的各种创意点是参展计划编制的关键点。在参展计划编制过程中，要以实现参展目的为基本目标，同时考虑通过多种途径和方法去实现前期已经制定的参展目标。

一份详细的参展计划常常从参展前的 2 ~ 3 个月左右开始准备，内容包括参展手续办理（主要是参展商和主办方的合同手续）、展品的准备（包含产品和推广材料）、核心活动的具体实施计划、参展人员培训（专业知识和礼仪培训）、会场布展（展位搭建）、日常客户服务与管理、后勤及财务支出管理等。

一份完整的简要参展计划，其明确反映了参展活动的时间节点控制，不同时间段必须完成的具体工作。在项目管理中，管理人员可以借助相关软件提高管理的效率和时间节点控制，方便地对项目进程及时作出调整。推荐软件：微软project，它可以方便地生成形象的甘特图，便于所有参展工作人员之间的交流与配合。

### 6.参展费用预算

参展预算主要是对参加此次会展需要的资金进行初步概算，参展财务管理的根本目的在于以最小的投入实现既定的参展目的。财务预算的内容涉及参展活动的各个阶段，具体如参展前的各种准备（如展品、推广材料的购置、工作人员的人员开支、广告投放等）、展览期间的费用开支（包括展位布展、老客户接待、工作人员日常开支、酒店差旅等）、会展结束后的收尾工作（主要包含展位拆卸、展品回运等）。财务预算表的

具体内容和项目根据不同的会展活动需要进行适当调整，预算表的制定要清晰、简洁，由于预算并不是最后的决算，因此内容不必过于细化而影响对会展活动情况的基本理解。

## 3.4.2 案例链接

### 2014年××笔记本电脑参展执行方案

1. 前言

2. 参展基本要素

（1）展会名称：

（2）参展主题：

（3）展位位置：

（4）展会地点：

（5）布展时间：2014年3月3～5日（每天8：30-17：00）

（6）参展时间：2014年3月6～8日（每天8：30-17：00）

（7）撤展时间：2014年3月8日（下午16：00-21：00）

3. 参展目标

（1）渠道拓宽。

（2）传达品牌新形象。

（3）新产品推向市场的造势和推广。

（4）对市场的信息动态、国家政策、市场需求的深度把握。

（5）信息汇集之处，不仅可以收集很多竞争对手信息，更能了解到市场最新动态，通过与各地域不同的渠道商交流，能了解全国各地不同的市场需求。

（6）谋求与业内各界人士更广泛的合作，扩大公司的影响范围，提高影响力。

（7）借助展会信息对接平台，收集目标经销商信息资料。

（8）邀请目标经销商观展，加强与他们的直面沟通，力求于现场达成合作意向，确保招商成功。

4. 参展背景分析

（1）展会分析

（2）参展商构成

重点邀请世界500强和国内电子50强组团参观采购。

5. 产品定位

6. 竞争者及自身分析

（1）竞争对手分析

主要竞争对手之一：

主要竞争对手之二：

主要竞争对手之三：

主要竞争对手之四：

（2）自我分析（SWOT分析）

优势：

劣势：

机会：

威胁：

7. 消费者分析

即消费者购买行为因素分析。

（1）消费动机

消费动机是任何商品消费的源泉，笔记本电脑消费动机可分为三个层次：

第一层是功能性动机，即笔记本电脑具有的功能，如可以上网等。

第二层是沟通与交际动机，如上网聊天、E-mail等，通过网络达到心灵信息的沟通、传递等作用。

第三层是工作、学习、娱乐动机，即消费者在工作中对笔记本电脑的需要。

（2）消费者一般观念

随着消费者生活水平的不断提高，笔记本电脑类产品消费习惯不断变化，消费者对以往简单的上网办公的消费需求不断下降，而对笔记本电脑的配置和性能要求越来越高。随着时代步伐的前进、经济发展的前进，对笔记本电脑的需求日渐多元化。

（3）主要用途分析

在本次调查中，因工作需要购买笔记本电脑

的用户占到 43.2%，成为笔记本电脑最主要的用户群。其次因学习需要购买的用户占到 21.2%。另外，随着无线网络的推行覆盖以及笔记本电脑性能的提升，越来越多人为了无线上网和玩电脑游戏而购置笔记本电脑，这两个人群分别占 15.1% 和 11.4%。以上四个人群的累计占比达到 90.9%。此外，还有 3.2% 的用户购置笔记本电脑用于图形处理，5.9% 的用户作其他用途。

（4）购买场所和使用场所

购买场所一般在专卖店（专业客户）、分销店（零散客户）、总店（一般用于小批量采购）、厂家直销（一般是大规模的定购和采购）、网销（一般用于个人）。使用场合、消费场所主要有医院、学校、政府机关、企事业单位、网吧、日常生活、大型营业网点。

8. 展位设计

展位功能区域划分：

客户接待区。本区域主要用于客户引导、接待、资料发放、名片发放、名片收集等相关事宜。

业务洽谈区。主要用于与有合作意向的客户进行深度沟通交流，同时也是客户休息仔细览阅宣传资料的区域。

产品展示区。主要用于摆放各类产品。

产品演示区。主要用于产品互动展示。

品牌宣传区。主要用于展示电脑的品牌标识以及品牌风格图腾。

9. 参展产品

参展产品选择原则：

精致原则。选择外表精致、制作工艺细致、市场预售价较高的高档精品。

特色原则。选择部分有特色，且能代表各系列风格的主打产品进行展示。

10. 展会宣传推广方案

（1）广告目标

通过各种媒体的宣传、报道以及各种活动的开展，在展会期间将市场占有率提高 5% ～ 10%，保持在笔记本市场上的领先地位。塑造品牌形象，进而扩大品牌在高校范围内的知名度，提升

购买的欲望，以独特的品牌形象和品牌联想稳固消费群体。

（2）媒体目标

1）主要是针对中高档消费者市场，以大学生市场为主。

2）广告主要集中在展会前、中、后期，特别是在展前宣传阶段。

3）达到高到达率与高接触频次的效果。

（3）媒体投放建议

1）地域策略——"点面"结合，整合传播。

2）排期策略——"短期轰动"与"长期积累"并重。

3）媒介策略——"以公交系统广告为核心"，辅之其他手段开发市场。

（4）媒体策略

媒体受众策略：集中在 18 ～ 40 岁这个年龄层，以大学生为主。

媒体区域策略：重庆各大主城区。

媒体选择策略：电视（覆盖面广，冲击力强，传播误区小，受众更易接受）；网络（年轻消费群体，特别是大学生等对网络的依赖性较高，传播快速）；POP（在主题广告影响下，直接促进销售）；户外（醒目、强化，有助消费提升）；报纸杂志（电脑与科技是密不可分的，增强宣传力度，费用较低）。

（5）媒体组合

1）电视单元组合

全年采取脉冲式媒体排期模式。展会期间也是各大高校开学期间，为笔记本的高需求季节，集中投放大量广告，有较高的广告到达率。采取斜形广告媒体投放的时间段模式，可以有效地扩大广告到达率和接触频次。

2）网络单元组合

展会到来之际，采用覆盖范围广、传播速度快的媒体——网络，主要投放到各大门户网站的首页，有文字链接、旗帜、按钮、浮动图标、电邮页面的方式，采用大版面的广告宣传，以吸引目标消费者的注意。活动时间为 2014 年 1 月

1 日～ 2014 年 3 月 5 日。

投放安排：

安排原因：

随着互联网时代到来，越来越多的人成为"网虫"，其中主要为青年人。而展会的目标消费者群正是 18~40 岁的消费者，尤其是大学生，他们几乎每天都要和网络打交道，故需要考虑加大网络宣传的力度，选用目标消费人群容易选择的门户网站，以让产品更接近目标顾客。网络广告立足于专题网站宣传，联手强势门户网站，提高活动传播覆盖面，充分发挥其互动性强的特点，使目标受众参与其中，激发人们接收信息的兴趣，针对有效的目标受众，进行小众传播，以达到最低成本、最大效益的效果。

3）POP 单元

主要选择海报、遮阳伞，同时配合电视广告的推出。

投放方式：校园海报和商业街海报。精美的海报设计可以传达品牌形象，传递节日活动的信息，同时配合其他媒体宣传资料，传播产品在展会上的活动。将海报粘贴于人流密集地带。

4）户外单元组合

投放方式：

主要选择在人流密集的地方做车体广告。

主要选择大学生密集的地方做站牌广告，如大学城人员密集的公交站台。

主要选择写字楼等上班族密集的地方做楼宇广告。

选择原因：

大学生，特别是在开学季，对电脑的需求量非常大，他们平时使用最多的交通工具就是公交车，所以公交车和站牌是影响最大的两个广告媒体，到达率和接触频次都较高，对促进销售有很好的作用。

笔记本电脑的主要消费群体是中高等收入人员，在他们每天必须乘坐的电梯旁做广告，有事半功倍的作用。

人流量大的地方，对购买力的增加，有很

好的提升作用。将广告置于此，对销售有益无害。

5）报纸杂志组合

电脑跟科技的联系比较密切，所以，在报纸选择上，会选用与科技相关性强的报纸。

6）创意活动

要抢占高校市场，必然要先在高校学生中提升知名度，扩大影响力。赞助高校活动成为一个较好的深入高校市场的方式。在活动开展时，利用大型海报的粘贴、传单的派发等，最大化地宣传推广。

（6）媒体预算评估（表 3-1）

广告预算      表 3-1

| 媒体种类 | 媒体预算费用 |
|---|---|
| ×× 卫视 | 2 月 1 日 ~3 月 6 日：<br>9000 元 / 天 ×10 天 =9 万元 |
| ×× 娱乐频道 | 5000 元 ×1 次 / 周 ×5 周 =2.5 万元 |
| ×× 新闻频道 | 6000 元 ×1 次 / 周 ×5 周 =3 万元 |
| 网络 | 约 30 万元 |
| 报纸、杂志 | 约 8.8 万元 |
| 户外 | 公交车站牌：约为 10 万元<br>楼宇广告：约为 10 万元<br>大招牌广告：约为 5 万元 |
| POP | 约为 5 万元 |
| 赞助高校 | 10 万元 |
| 现场宣传 | 2 万元 |
| 合计 | 95.3 万元 |

11. 参展人员安排（表 3-2）

参展人员工作安排     表 3-2

| 工作职务 | 工作职责 |
|---|---|
| 总负责<br>1 名 | 负责展前筹备、展中执行、展后总结全程工作的统筹、协调、安排和进度监督，以及参展期间一些突发事件处理 |
| 客户接待<br>2 名 | 负责在接待台迎接客户、客户入场引导、分发宣传资料等相关接待事宜 |
| 业务接洽<br>8 名 | 负责主动与客户进行沟通交流，介绍产品、品牌知识、招商政策以及客户资料收集 |
| 机动人员<br>1 名 | 现场拍照及处理一些临时性事务，此外还可根据展会现场情况机动地协助其他人员开展工作 |

注：本次展会参展人员初拟 12 人，其中包括运营中心 6 人、市场部 2 人、商品部 2 人、设计部 2 人（参展人员具体名单待运营中心人员基本到齐后再行确定）。

## 12. 展会物料明细（表3-3）

展会物料准备一览表　　表3-3

| 物料品类 | 物料明细 | 数量 | 负责准备 |
|---|---|---|---|
| 办公用品展位布置物料 | 参展商品 | 待定 | 行政部、市场部、商品部 |
| | 业务洽谈桌椅 | 4桌，20椅 | |
| | 电视机 | 1台 | |
| | 展示车 | 1辆 | |
| | 饮水机 | 1台 | |
| | 鲜花、盆栽 | 待定 | |
| | 营销人员名片 | 人手3盒 | |
| | 名片册 | 2本 | |
| | 水笔 | 1盒 | |
| | 笔记本电脑 | 4台 | |
| 其他物品 | 网线 | 1根 | |
| | 一次性杯子 | 10打 | |
| | 证件复印件（营业执照、税务登记证、品牌授权书） | 1套 | |
| | 参展人员工作服 | 12套 | |
| | 照相机 | 1台 | |
| | 商品托运打包工具 | — | |
| 招商 | 招商合同书 | 20份 | 运营中心 |
| | 客户信息登记表 | 20份 | |
| | 特邀嘉宾名录 | 2份 | |
| | 招商手册 | 20份 | |
| 宣传 | 详见广告预算 | | |

## 13. 展会整体工作进度安排（表3-4）

展会整体工作进度安排　　表3-4

| 阶段时间 | 工作事项 | 完成时间 | 负责部门 |
|---|---|---|---|
| 远期筹备（1月15日~1月31日） | 展会设计方案收集 | 1月10日 | 市场部 |
| | 展会设计方案评估 | 1月18日 | 市场部、运营中心 |
| | 展会设计方案确定，展览合作公司确定 | 1月25日 | 市场部 |

续表

| 阶段时间 | 工作事项 | 完成时间 | 负责部门 |
|---|---|---|---|
| 远期筹备（1月15日~1月31日） | 与展览公司签订合同时一同明确桌椅、电视、饮水机、鲜花等物品具体租赁事宜 | 1月25日 | 市场部 |
| | 展会邀请函制作 | 1月31日 | 市场部 |
| 中期筹备（2月1日~2月28日） | 展位道具下单制作 | 2月14日 | 市场部 |
| | 参展信息发布（在已注册网站免费上传资讯） | 2月16日 | 市场部 |
| | 观展目标邀请客户名单确定 | 2月21日 | 运营中心 |
| | 参展产品名单确定 | 2月21日 | 运营中心 |
| | 参展人员具体名单确定 | 2月21日 | 运营中心 |
| | 参展人员着装确定 | 2月21日 | 运营中心 |
| | 展会宣传软文 | 2月25日 | 市场部 |
| | 参展人员培训资料撰写 | 2月25日 | 运营中心 |
| | 展品准备并办理出库手续 | 2月28日 | 商品部 |
| | 宣传礼品 | 2月28日 | 行政部 |
| | 展位主体道具制作完工并验收 | 2月28日 | 运营中心 |
| | 展示车辆租赁 | 2月28日 | 运营中心 |
| | 参展人员往返车票预订 | 2月28日 | 行政部 |
| | 参展人员入住酒店预订 | 2月28日 | 行政部 |
| 近期筹备（3月1日~3月21日） | 观展客户邀请 | 3月1日 | 运营中心 |
| | 宣传POP | 3月1日 | 市场部 |
| | 宣传光盘 | 3月1日 | 市场部 |
| | 宣传手册 | 3月1日 | 市场部 |
| | 产品手册 | 3月1日 | 市场部 |

续表

| 阶段时间 | 工作事项 | 完成时间 | 负责部门 |
|---|---|---|---|
| 近期筹备（3月1日~3月21日） | 招商宣传折页 | 3月1日 | 市场部 |
| | 资料手提袋 | 3月1日 | 市场部 |
| | 参展人员培训 | 3月1日 | 运营中心 |
| | 参展人员服装 | 3月1日 | 行政部 |
| | 名片、笔、笔记本电脑等所有办公用品准备 | 3月3日 | 行政部 |
| | 参展商品、宣传物料、办公用品等所有物品数量清点、打包、托运 | 3月3日 | 运营中心 |
| | 展前工作会议 | 3月3日 | 所有参展人员 |
| 布展期工作（3月24日~3月27日） | 2名布展人员先行前往目的地开展布展工作 | 3月4日 | 待定 |
| | 与合作展览公司联系，确认布展事宜 | 3月4日 | |
| | 协同展览公司布展 | 3月4日~3月5日 | |
| | 布展完毕、展区清洁、展品摆放 | 3月5日 | 参展人员 |
| | 其他参展人员前往目的地 | 3月5日 | 参展人员 |
| 展期工作（3月28日~3月31日） | 岗前准备并提早到达展览中心 | 3月6日~3月8日 | 参展人员 |
| | 岗间按照各自的工作职责守好各自的工作岗位 | 3月6日~3月8日 | 参展人员 |
| | 岗后整理贵重物品离场，并召开当日工作总结会议 | 3月6日~3月8日 | 参展人员 |

续表

| 阶段时间 | 工作事项 | 完成时间 | 负责部门 |
|---|---|---|---|
| 展后工作（3月31日~4月31日） | 协同展览公司撤展，收拾、整理、清点、打包应带离物品 | 3月8日 | 参展人员 |
| | 物品现场托运 | 3月8日 | 参展人员 |
| | 与展览公司交接清楚租赁物品 | 3月8日 | 参展人员 |
| | 展品到达公司后整理、清点、入库 | 物品到达后两日内 | 参展人员 |
| | 展会总结会议 | 4月2日 | 公司领导、参展人员 |
| | 展会总结报告（效果、不足、修正） | 4月2日 | 运营中心 |
| | 展会活动报道及相关照片上传公司网站 | 4月2日 | 市场部 |
| | 展会所收集的客户资料整理与分类 | 4月4日 | 运营中心 |
| | 对客户进行联系跟踪 | 4月4日 | 运营中心 |
| | 根据客户反馈撰写展会效果评估报告 | 4月4日 | 运营中心 |

### 14. 参展预算表（模板，表3-5）

展会参展预算项目          表3-5

| 费用项目 | 子项目 | 总费用 | 合计 |
|---|---|---|---|
| 场馆施工费 | 1.场馆电源费用 | | |
| | 2.二层到展位落地费 | | |
| | 3.吊装费 | | |
| | 4.施工管理费 | | |
| | 5.施工证件费 | | |
| | 6.车辆进场费押金 | | |
| | 7.空箱放置费用 | | |
| | 8.备用金 | | |

续表

| 费用项目 | 子项目 | 总费用 | 合计 |
|---|---|---|---|
| 展品运输费 | 1. 去程展品和搭建材料、现场所需物料运输费用（包含落地费） | | |
| | 2. 回程运费（短运＋物流费用） | | |
| 展位费 | 1. 场地费用 | | |
| | 2. 搭建费用 | | |
| | 3. 地毯费用 | | |
| | 4. 电子屏幕支持费用 | | |
| 论坛相关费用 | 1. 展位内茶歇费用（鲜花、水、茶点、糖果） | | |
| | 2. 论坛区其他费用 | | |
| 展会现场资料费用 | 1. 宣传 POP | | |
| | 2. 宣传光盘 | | |
| | 3. 宣传手册 | | |
| | 4. 产品手册 | | |
| | 5. 招商宣传折页 | | |
| | 6. 资料手提袋 | | |
| | 7. 名片、笔、笔记本电脑等所有办公用品准备 | | |
| | 8. 参展商品、宣传物料、办公用品等所有物品数量清点、打包、托运 | | |
| 展会宣传费用 | 详见广告计划 | | |
| 合计 | | | |

### 3.4.4　要点总结

如果对以上策划案进行简要总结，其基本的思路可以围绕以下几个问题展开描述：

这是一个什么样的会展？

有必要参加吗，为什么？

参加会展主要为了达到哪些目的？

用什么样的方式来实现这些目的？

具体怎么做？

需要付出多少经费？

对于参展策划案，不同的策展公司和策展团队撰写报告的内容结构会有不同程度的差异，在这样一份策划案中，具体怎么做（即参展计划）是参展策划案的核心，参展活动的成败就取决于这份参展计划的具体执行质量。

### 3.4.5　问题思考

请用最简洁的语言，全面有重点地对上面的策划案例进行描述，要求不超过 500 字。

## 3.5　展前准备

参展企业的展前准备工作主要集中在展品、宣传推广材料、服务人员培训以及展位设计与制作等几个主要方面。

### 3.5.1　展品准备

企业展出产品的准备与设计。企业展出产品既包含可见的物理产品（如电子产品、家居用品、汽车、各种原材料等），也包含非可见的服务产品（如文化创意、旅游服务、团购业务等）。由于这些产品在形态上有很大的不同，产品展出的方式自然也就存在一定的差异。对客观存在的物理产品而言，其展示要求借助各类展具和灯光以及多媒体的手法进行整体设计，从而达到理想的展示效果，这也是会展展示设计专业应该关注的核心问题。而对服务类产品而言，产品的呈现除了通过各种宣传文本外，现场工作人员的表现及展场软环境的设计都是其产品展示的重要内容，以旅游产品为例，展场的设计要轻松欢快而不是严肃沉重，服务人员与客户的沟通要强调缩短客户与工作人员的距离感，让参观者通过软性的设计服务提前体验到未来可能购买的产品，对于这类会展，工作人员的服务质量一定意义上就是企业展出产品的品质。

### 3.5.2 宣传推广材料

推广材料的类型既包含传统的各类办公用品及文本资料，如名片、宣传单、邀请函、小礼品、海报；还包括各类多媒体内容、背景音乐、视频专题以及通过二维码获取的数字内容信息等。值得注意的是，宣传推广材料虽然不是直接的展出对象，但其设计会与企业产品产生自然对应的关系。粗制滥造的材料会让人对企业及企业产品产生不信任感，相反，即使实力一般的企业，通过辅助推广材料的设计，会提升老客户对企业的全新认识以及新客户对产品的信心。通过设计可以间接地影响企业的整体实力与水平，因而此类物品的设计在参展活动中不容忽视，它有投入相对较小、而产出相对较大的特点，应该引起参展企业的足够重视。大量创新型企业正是依靠高水平的设计，在产品推广方面赢得了更多的机遇（当然不仅仅是推广材料还有产品本身的设计）。

### 3.5.3 服务人员培训

展会服务人员的培训是参展活动中至关重要的环节，除了展出的产品，对参展者的接待是促成展会成交且实现参展目标的重要影响因素。大型企业在展会中常常聘请专业的接待人员配合企业自身的技术讲解人员展开客户接待，对中小型企业而言，为了节约参展成本，一般由企业内部人员完成对客户的接待和讲解服务。

在对人员服务培训阶段，服务人员的着装设计也是其重要内容，大型企业服务人员的着装常常需要进行针对性的设计，通过服务人员的着装，可以使整个会展活动更加统一，一定程度上可以放大参展企业在会展活动中的视觉张力，这也是企业实力的重要体现。对中小型企业而言，服务人员的着装要求做到大方得体即可。事实上，无论企业规模的大小，服务人员的着装和礼仪都有必要进行一定的规范与设计，因为其虽处于产品之外，但又是企业产品竞争力的组成内容。

### 3.5.4 展位设计与制作

展位设计主要是对企业租用的展位进行整体的形态设计，由于展位大小及企业参展规模的不同，其展场设计自然也存在很大差异。

（1）大型企业参加展会，与直接获取订单相比一定程度上更加侧重于企业品牌形象的推广，因此其展位面积相对较大，整体投入也相对更高，展位更加注重整体的造型设计。其功能空间常常由展示区、洽谈区以及休息区组成，形态方面更加强调展示的主题性，这是参展方在参展活动中比较看重的部分。

（2）对中型企业而言，展位面积常常在3～6个不等，由于空间相对较为宽敞，常常包含洽谈和展示两个主要区域，在整体的展场设计上可以有一定的发挥，通过展场的现场搭建来展示企业文化和个性产品。展位除了基本的图文还会配有大量实物产品，其设计原则是依据参展企业的具体情况尽可能地策划出特定主题。

（3）小参展企业由于实力相对有限，参加展会一般会以获取商业订单为主要目的，展位面积也相对较小，常常只有 1 ~ 2 个标准展位。标准展位的形态大小如图 3-3 所示，空间结构上以展示区为核心，设计的重点往往在于功能空间的合理利用。由于空间较小，常常会以标准模式进行设计，即一般由门挑（表明企业名称）、标准接待桌构成，这些常常会由馆方提供租用，展位搭建也相对容易。内部立面设计是此类展位设计的重点部位，可以重点考虑通过平面设计的手法提升展位的整体设计水平。

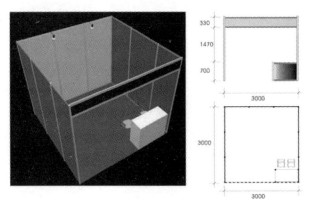

图3-3 标准展位的形态及大小

# 3.6 布展及展期工作

展期临近，策展方案如何执行是其现实问题，无论企业大小，成立参展工作小组是有效推进参展工作的基本保证。参展工作小组的具体工作包含，将展品和宣传推广材料运送至会展现场、展位搭建工程的组织与实施、展期活动安排、会展综合管理等。当然，根据参展企业的规模和管理模式不同，参展执行工作也会分为几种不同情况，即由企业自身负责完成、依靠展览服务公司完成、自身配合展览公司共同完成等多种模式。比如，对于大型汽车制造型企业而言，会展的具体执行通常由企业、会展服务公司、演艺公司等共同完成；对小型企业而言，参展活动往往由企业自身的员工就可以完成。

场，需要在组展商的安排下有序完成。为了便于展场的管理，布展工作尽可能地采用场外制作、场内装配的形式进行，整个布展工作需要在开展前一天晚上全部完成，在施工撤出场馆之前需保证现场的清理工作同时完成。

在布展过程中，为了更好地完成布展任务，团队成员中最好有具备设计专业背景的工作人员负责现场的施工管理工作，作为设计监理，设计师对策划案特别是设计方案有着更加深刻的理解，这会让设计师在布展执行过程中对某些技术问题有更好地把控。

## 3.6.2 展期工作

展会开展后，企业的参展活动才真正进入到实质阶段，在这一阶段中，参展团队的执行人员要完成大量具体的工作，具体内容如下：

## 3.6.1 布展施工

一般情况下，布展工作需要在开展前 2 天进

（1）迎宾人员。负责接待参观者进入展区，派发活动相关材料，将参会人员介绍给产品讲解人员，迎宾的仪表和形象设计是参展企业在会展举办期间需要特别关注的细节（小型企业的参展活动除外）。

（2）产品介绍人员。相比迎宾人员，产品介绍人员需要掌握更多有关产品的专业知识，在派发产品说明和对产品的展示过程中，能够对产品的各种性能做到深入讲解，能熟练应对客户提出的各类问题，并将有合作意向的经销商介绍给商务谈判人员。

（3）商务谈判人员。重点讲解招商政策，负责大客户及重点经销商的深入沟通，统筹并灵活调整招商策略。

（4）信息搜集。参加展会过程当中应派遣部分员工到其他关联产业公司或同行展位收集客户和同行业企业的基本信息，寻找潜在客户并努力与之成为朋友。信息资料包括：产品信息、市场信息、第三方信息、竞争对手信息等。

（5）员工会议。除了以上正常的工作，每天工作结束时需要召开员工会议，主要解决以下问题：及时整理潜在客户的联系方式，并立刻跟踪服务，或要在当日完成对潜在客户的电话或短信回访，以此增加参观人员对品牌企业的好感。

## 3.6.3　参加同期活动

同期活动主要指组展单位根据展会性质组织的各类论坛、技术交流会以及晚宴等。参展企业参与这些活动，很重要的一个目的是努力结交圈子内的朋友并通过交流建立友谊，这些朋友可以是行业里的管理人员，可以是上下游供应商亦或是经销商，还包括媒体界、政府行政人员等，这都可以成为企业未来发展的重要资源。有句话叫作："学历是铜牌，能力是银牌，人脉是金牌。"我们不能盲目肯定这种说法具有绝对的正确性，但是一定数量的人脉必然会为个人和企业走向成功创造更多的机会。

## 3.6.4　注意事项

**1.宣传材料的供应与发放问题**

在会展进行过程中，适时有节奏地发放各类和产品品牌有关的宣传资料是展期的主要工作内容之一，但资料的发放需要根据业务推广的需要而不是盲目发放。缺乏控制与组织会造成大量资料被随意丢弃，除了达不到应有的宣传推广目的外，地上随处被抛弃的资料对品牌还会带来一定的负面作用，对展会的整体管理也是一个很大的负担。之所以强调这一点，是因为展会过程中宣传材料被提前发完的情况经常可见，材料发放的控制问题显得比较突出。

**2.有效管理每日的工作内容**

如果把展期的工作以日程表的形式来体现的话，一天的具体工作大致有如下内容：

7：30：早饭后，负责人安排当日工作，各人领取当日所用物资。

8：30：准时到达布展地点。

9：00—11：30：招商工作进展。

11：30—13：00：负责人安排轮值午餐。

13：00—17：00：招商工作进展。

17：00：清理物资，及时递交日总结报告，填写报表。

18：30：自由活动，或根据公司安排进行其他工作。

**3.规范执行接待流程**

接待工作的规范性能够体现公司管理的规范性，会潜在地影响参观者对参展企业的整体认识，具体接待流程基本如下：

（1）登记（到会客户的姓名、单位部门、联系电话、落实责任人等）。

（2）现场演示。

（3）介绍公司及产品背景。

（4）展示其他样机。

（5）将意向客户请至洽谈区促成成交。

（6）如有客户当场签单，尽力渲染，制造高潮。

（7）发放资料、礼品。

（8）礼貌周到地送客户出门，并预约下次拜访时间。

（9）到签到处记下客户意向及责任人。

# 3.7　会后工作

## 3.7.1　展品处理及撤展

会展即将结束时，要重点考虑展品的去向问题，一般而言对待展品有如下几种处理方式：

（1）运往下一会展地，根据下一步的参展计划，直接将展品发往就近的会展举办地，甚至综合考虑成本的前提下，在下一会展地临时租用仓储空间。

（2）运回参展企业，对于没有下一步参展计划的企业，其参展产品和一些可以多次循环使用的展场设施，需要进行拆卸及时运回单位。

（3）现场出售，对于日常消费类产品，一般进行现场打折出售，可以节省回运成本。

## 3.7.2　成果梳理

积极做好善后工作是企业参展活动的最后一步，具体工作内容如业绩汇总、信息整理跟进等。

（1）业绩汇总主要指业务成交量及利润的实现情况。

对于会展期间的各类订单要在会展结束后及时汇总整理，交给企业相应的销售部门并及时根据业务流程进行跟进服务。

（2）信息整理与跟进主要指客户基本资料和采取的后续服务。

会展结束后，收集的客户资料统一送交公司相关的业务部门，再由相应的负责人跟进并取得进一步的沟通联系，根据产品的不同类型，后续回访行动可能需要几天、一个月或是更长的时间。

## 3.7.3　综合评估

根据企业参展的目的，需要对参展活动进行最终评估，为以后的参展活动决策提供良好的经验与参考。

就一般企业的会展活动而言，参展获得的成果一般可以直接表现在业务订单、业务信息资源、竞争对手情况的收集等方面。间接成果往往表现在提升企业形象与员工士气方面。其中提升企业的品牌形象是企业参加会展活动获得的间接价值，但由于需要较长时间才能显现，参展的这种作用常常会被一些急于求成的企业在展会综合评估时所忽视。特别是对已经形成品牌的企业而言，其潜在价值更是不容忽视的。比如，某一业内领头企业在会展上的频繁亮相能够保证自己在众多产品销售代理商中的行业领先地位，但如果在专业展会上常常缺席，即使实力尚存，仍然会容易给业内各级经销商造成该企业的不良印象，进而会影响甚至动摇本企业在业内的地位。同样，一个实力一般的企业，如能在行业会展上有更多耀眼表现的话，则很容易在业内各级经销商中获得认同，最终树立起良好的企业品牌形象。

总体而言，对企业参展活动的综合评估，其目的并不仅仅在于表面上获得怎样的销售业绩，其他诸如企业品牌推广、竞争对手分析、客户关系维护等都是企业参展的重要成果。合理客观地评价会展除了以上各种直接间接的效益外，更重要的是可以通过总结为企业以后的参展活动积累丰富的参展经验，从而实现通过参展推动企业持续发展的目的。

# 3.8 参展活动流程与总结

## 3.8.1 流程回顾

从以上参展过程的简要介绍可以看出，参展活动需要分阶段分步骤地有序进行。参展本身是个比较复杂的过程，只有提前做好各项准备，才能使展位收获最多的人气，如果以时间为测量标尺，展会的控制与准备可以参考如下：

**1.十二个月前**

（1）从展览的规模、时间、地点、专业程度、目标市场等各方面，综合专家意见，选定全年展览计划；

（2）与展览主办单位或代理进行联系取得初步资料；

（3）选定场地；

（4）了解付款形式，考虑汇率波动，决定财务计划。

**2.九个月前**

（1）设计展览结构；

（2）取得展览管理的设计批准；

（3）选择准备参展产品；

（4）与国内外潜在及目标顾客联络；

（5）制作展览宣传册。

**3.六个月前**

（1）以广告或邮件等形式进行推广活动；

（2）确定旅行计划；

（3）支付展场及其他所需服务的款项；

（4）复查参展说明书、传单、新闻稿等，并准备必要的翻译；

（5）安排展览期间翻译员；

（6）向服务承包商及展览组织单位定购广告促销。

**4.三个月前**

（1）继续追踪产品推广活动；

（2）最后确定参展样品，并准备大量代表本产品品质及特色的样品，贴上标签，赠送索取样品的客商；

（3）最后确定展位结构设计；

（4）计划访客回应处理程序；

（5）训练参展员工；

（6）排定展览期间的约谈；

（7）安排展览现场或场外的招待会；

（8）筹措外汇。

**5.四天前**

（1）将运货文件、展览说明书等额外影印本放入公事包；

（2）搭乘飞机至目的地。

**6.三天前**

（1）抵达，饭店登记；

（2）视察展览厅及场地；

（3）咨询运输商,确定所有运送物品的抵达；

（4）指示运输承包商将物品运送至会场；

（5）联络所有现场服务承包商，确定一切准备就绪；

（6）与展览组织代表联络，告知通信方法；

（7）访问当地顾客。

**7.两天前**

（1）确定所有物品运送完成；

（2）查看所订设备及所有用品的可得性及功能；

（3）布置展位；

（4）将所有活动节目做最后的决定。

**8.一天前**

（1）将摊位架构、设备及用品做最后的检查；

（2）将促销用品发送直接分配中心；

（3）与参展员工、翻译员等进行展览前最后简报。

**9.展览期间**

（1）尽早到会场；

（2）于展览第一天即将新闻稿送到会场的记者通信厅；

（3）实地观察后尽早预约明年场地；

（4）详细记录每个到访的情况及要求，勿凭事后记忆；

（5）对于没有把握的产品需求，不要当场允诺，及时回报总部作出合理答复，一旦应承，必须按质按期完成，以取得合作信心；

（6）每日与员工进行简报；

（7）每天将潜在商机及顾客资料汇总，及时处理及回应。

**10.展览结束**

（1）监督摊位拆除，展品处理；

（2）处理商机，信息整理归类，后续跟踪服务；

（3）寄出谢卡，保持后续与客户的沟通联络。

以上是参展的基本步骤，在这个过程中，企

业设计师作为参展团队的工作人员，其基本工作内容和角色需要作出相应的调整。

## 3.8.2　设计师在参展活动中的工作与角色

纵观整个参展流程，设计师的工作内容和角色在不同阶段有不同的变化。设计师真正进入到参展团队的工作是在确定参展后，在这一阶段设计师要根据已经确定参加的展会，着手准备大量展会需要用到的各类材料，包括自身品牌的形象推广资料、准备参展的产品及展陈方式、整个展位的主题定位及形态设计、相关礼品等；在展会进入到布展阶段，设计师的角色开始由设计转向执行与管理，自己承担或配合会展服务公司完成展位的布展，展期之内设计师需要根据现场工作的进程，及时调整相关材料的供给和补充，直到会展活动结束后，设计师可以退出参展团队，进而着手下一个展会的筹备工作（表3-6）。

设计师在参展过程中的

工作内容和角色变化　　　表3-6

| 流程阶段 | 项目进度 | 工作内容 | 充当角色 |
|---|---|---|---|
| 收集信息 | | 无 | |
| 确定参展 | 启动阶段 | 了解展会信息，为设计做初级准备 | 设计师 |
| 明确参展流程 | 初步策划 | | |
| 制定参展策划案 | 深度策划阶段 | 项目整体形象设计 | |
| 展前准备 | 项目执行阶段 | 延展应用设计制作 | |
| 布展及展期工作 | | 项目执行管理 | 设计与执行管理 |
| 会后工作 | 收尾阶段 | 逐步退出参展团队 | 无 |

## 3.9 问题思考

与会展组展方的设计师相比，参展团队里的设计师在工作内容和角色定位上有何异同（设计与项目管理能力的差异）？

# 第 4 章
# 庆典与仪式活动的策划管理与运作流程

**本章导读**

本章以庆典活动为对象，讨论了其策划管理与项目运作的整个流程，通过对此类活动策划案的解读，了解庆典活动策划的基本要点，并通过项目运作流程了解设计师在此类项目运作过程各环节中的具体作用，本章主要包含以下小节：

（1）庆典活动概述

（2）庆典活动策划的要点

（3）庆典与仪式活动的运作流程

（4）案例链接

（5）商业活动策划的关键点

（6）问题思考

# 4.1 庆典活动概述

## 4.1.1 定义

庆典活动是组织利用自身或社会环境中的有关重大事件、纪念日、节日等所举办的各种仪式、庆祝会和纪念活动的总称,是社会组织为了引起公众的关注,扩大自身的知名度,最终获得更大的经济效益和社会效益,围绕重要节日或自身重大值得纪念的时间而举行的庆祝活动。

## 4.1.2 庆典活动的类型

### 1.节庆活动

节庆活动是利用盛大节日或共同的喜事而举行的表示快乐或纪念的庆祝活动,不同国家不同地区都有自己独特的节日。节日又有官方节日和民间传统节日之分,常见的官方节日有元旦、妇女节、消费者权益保护日、国际劳动节、儿童节、国庆节等,民间传统节日有春节、元宵节、清明节、端午节、中秋节等。还有些地方根据自身文化传统、风俗习惯、土特产等,组织举办一些具有地方特色的节庆活动,如北京地坛庙会、湖南的龙舟节、山东潍坊风筝节等。

节庆日是相关产业开展商业活动的绝好时机,比如每年6月1日前后,大小商店都会在小孩商品上绞尽脑汁;中秋节前则会爆发一轮又一轮的月饼大战;十一长假前夕,旅游胜地和饭店就会大张旗鼓地宣传和推介其优质的特色服务。

### 2.纪念活动

纪念活动是社会或行业组织在特定的时间地点举办的具有纪念意义的公共活动,举办纪念活动的事件和时间有多种类型,如历史上的重要事件发生日、行业重大事件纪念日、社会名流和著名人士的诞辰或逝世纪念日、组织或集体的周年纪念日等。通过举办这样的活动,可以传播组织的经营理念、经营哲学和价值观念,使社会公众了解、熟悉进而支持本组织,公益性的纪念活动则会对社会文化的传承起到积极重要的作用。

### 3.仪式活动

仪式包括诸如开幕典礼、开业典礼、项目竣工典礼、毕业典礼、颁奖典礼、就职仪式、授勋仪式、签字仪式、捐赠仪式等。在实际活动中,典礼仪式的形式多样,并无统一模式,有的仪式非常简单,如某个企业办公楼的开工典礼,放一挂鞭炮,企业老总喊一声"开工",仪式便可以宣告结束;而有的仪式又非常隆重、庄严,如英国女王登基、国外皇室婚礼及葬礼等,甚至还有一套严格的程序和繁文缛节。

## 4.1.3 庆典或仪式活动的作用

庆典或仪式活动的具体作用可以表现在以下三个方面:

(1)引力效应。指组织通过庆典或仪式活动吸引公众的注意力,引力可以表现在媒体关注度和经济活动等多个方面。

(2)实力效应。指通过举办大型庆典,显示组织强大的实力,以增加公众对组织的信任感。

(3)合力效应。开展大型庆典,能增强组织内部职工、股东的向心力和凝聚力,提高公众对组织的信任感。

# 4.2 庆典活动策划的要点

组织筹备庆典如同进行生产和销售活动一样，先要对它作出一个总体的计划。从策划的角度看，总体上需要把握亮点，其一是宏观要体现出庆典的特色，其二要在微观层面安排好庆典活动的各项具体内容。

## 4.2.1 宏观层面

关于特色，庆典既然是一种庆祝活动，那么它就应尽可能组织得热烈、欢快而隆重。举行庆典活动的场所布置、出席者的情绪、整体气氛的渲染都要体现出红火、热闹、欢愉、喜悦的特点。唯独如此，庆典的宗旨与目的才能够真正地得以贯彻落实。在庆典仪式策划执行过程中，宏观层面应该重点注意以下问题。

（1）来宾邀请。来宾常常由政府官员、知名人士、新闻记者、社区公众代表、客户代表或特殊人物等组成。来宾要具有代表性；请柬发放要求提前 7 ~ 10 天；重要来宾请柬发放后，组织者当天应电话致意，庆典活动举办前一天应再次电话联系确认。

（2）程序流程。常规的仪式流程主要包括主持人宣布仪式开始；来宾介绍；组织者或重要领导、来宾代表讲话；安排参观活动；安排座谈或宴会；邀请重要来宾留言或题字。

（3）材料编写。列举庆典主题、背景、活动内容和日程计划等相关信息，并将材料装在特制的包装袋内发给来宾。对媒体记者还应准备更加详细的资料，以方便新闻稿件的写作。

（4）接待工作。设置接待室接待特邀嘉宾，对所有来宾都应热情接待耐心服务；对重要来宾要组织领导亲自接待，他们的签到、留言、食、宿等均应由专人负责。接待人员通常由年轻、精干、身材与形象较好、口头表达能力和应变能力较强的男女青年组成。

（5）场地及设备问题。依据典礼仪式的设计程序，地点选择要秉承"量体裁衣"原则，根据庆典目的结合实际情况进行选择，切勿因地点选择不慎，从而制造噪声、妨碍交通或治安，顾此而失彼；音响及节目准备要对曲目严格审查，使其符合整体烘托要求。

（6）现场总指挥把控全局。没有领头雁，雁群就失去方向，现场总指挥的职责就是做好对各方的通联，做好对整个庆典活动的把控。人员选择最好是对企业产品和策划方案都比较熟悉的人，一方面能够按照策划案的程序有条不紊地执行，另一方面可以对整个促销产品线的摆放进行总体规划，使人员各司其职，对消费者的提问给予正确的解答。

## 4.2.2 微观层面

微观层面主要指庆典活动仪式的具体内容，总体而言要从细节上保证宏观确定的基本目标，即热烈、欢快、隆重的总体效果。每一场的庆典活动虽然说都有些相似之处，但是从总体策划来说，却还是有一些细节上的不同，而想要做出一个周全细致的策划案，那么就必须注意活动策划当中的一些细节。

一个完整可执行的策划案要考虑到所有可能发生的情况，从庆典的目的、形式、风格到物料的准备、摆放，到舞台搭建、演出活动、人员分工、产品摆放等，事无巨细，细节做好了，整个庆典活动就会按照预想进行。微观层面一般需要注意以下问题：

（1）落实致辞和剪彩人

致辞和剪彩人分乙方和客方。乙方为组织最高负责人，客方为德高望重、社会地位较高的知名人士，选择致辞和剪彩人时应征得本人同意。

（2）注意现场舞台功能空间的布置

现场舞台的布置一定要以吸引消费者眼球，展示企业实力和产品为中心。舞台的布置要结合展示、休息、洽谈、售卖等不同功能的具体需要。

（3）人员的安排要到位

现场人员的安排很重要。每个人都不应该成为局外人，或者救火队员，不能是促销员做起了后勤的工作等，指挥、促销、演员、主持、后勤、会计等各司其职。

（4）注意现场氛围的营造

现场氛围的营造需要主持人和促销员的配合，聚集人气需要主持人，产品销售需要促销员。主持人的风格很重要，有不少主持人是在酒吧、电视台工作的，对这种促销活动的主持不是很了解，所以很难带动现场气氛。选择主持人应该选择那种互动性很强的，对企业产品有一定了解的，这样才能在庆典现场既能够带动活动氛围，又能促进产品销售。促销员需要选择性格比较外向的，不怕挫折、有感染力的，在销售现场需要不停地对消费者重复产品功能、产品优势，打动消费者进行现场购买。

牢牢地把握住这些要点，才能够在策划活动的时候，将这些要点都细致地完成，这样一来，整个活动基本上就有了保证，剩余的一些内容，只需要稍加注意，便可以让整个庆典活动，更加的完美。此外，在庆典仪式活动宏观策划过程中要遵循两个基本原则：时长适度；过程明晰。

# 4.3 庆典与仪式活动的运作流程

## 4.3.1 项目确立

庆典活动一般是企业自身为某件事情而举行的纪念性活动或者为推出新产品而举办的专题活动，其不像会展项目的主办方和企业参展活动那样需要进行前期的市场调研，一般根据企业既定的主题，组织团队或借助外部专业公司进行策划实施。

## 4.3.2 方案策划的基本框架

庆典活动的方案策划相对较为简单，主要集中在活动基本信息、活动目的、整体思路、流程管理及财务预算等方面。

（1）活动基本信息。对活动大致情况的介绍，涉及主题、时间、地点、与会人员等。

（2）活动目的。庆典是社会组织为了引起公众的关注，扩大自身的知名度，最终获得更大的经济效益和社会效益，围绕重要节日或自身重大值得纪念的时间而举行的庆祝活动。庆典活动的类型不同，其所要达到的目的也不尽相同，如新品发布会主要通过活动，向重要客户、业界或直接消费者作一个正式亮相，而企业年会则主要通过活动提高公司内部的凝聚力等。

（3）整体思路。即通过怎样的系列活动完成一次完整的庆典活动。如一次企业年会可能会由公司领导讲话、文艺表演、抽奖环节、晚宴等多个活动组成，而庆典活动的内容又与之不同。

（4）流程管理。既包括活动执行过程中宏观管理与控制，又包括各类具体节目的安排及详细清单流程。

（5）财务预算。举办一次活动所用到的各类开支。

### 4.3.3  形象设计

主要是活动举办过程中用到的一系列应用物品，也称物料设计，如现场布置、背景板、签到板、节目单、入场证、台卡、手提袋、名片和办公用品、包装纸、礼品等。

### 4.3.4  执行与管理

庆典活动管控过程涉及多方面的内容，具体见表-1所列。

庆典活动管控的具体内容  表4-1

| 管控环节 | 具体内容 |
| --- | --- |
| 时间管控 | 时间安排表和节点控制，活动进行的时间是不可更改的，时间管理必须根据活动进行的时间来倒推 |
| 供应管控 | 主要是指对活动的服务、设备及物质资料的供应的管理。对外包服务的管理，比如在活动执行过程中会涉及食宿、交通、灯光、音响、舞台、服装、道具、特技、录制等，这些对专业活动运营公司大都采取外包的模式，那就需要对外包的供应商进行有效管理 |

续表

| 管控环节 | 具体内容 |
| --- | --- |
| 人力管控 | 活动现场负责人，团队的人员配置和管理，甚至包括现场志愿者的管理 |
| 风险管控 | 风险管理覆盖了活动管理的所有领域，比如活动的安全风险、预算超支风险等 |

标准管控工具：甘特图表。

甘特图是项目辅助管理最常用的工具，通过使用甘特图可以方便有序地进行项目管理，其软件涉及的要素有如下几点：

（1）任务。把活动管理各个区域的工作分解成一个个易于管理的任务或活动。

（2）时间段。对每一个任务设置一个时间段（需要考虑的因素是开始和结束的时间）。

（3）优先顺序。设定任务的优先顺序。

（4）节点。因为此表是用来监控活动的进展情况的，所以对于那些特别重要的任务要指定为节点，并在图表中标记出来。

（5）分工。每一个任务对应参与的人员，在节点处找第一负责人。

### 4.3.5  后续总结

庆典活动结束后，后续总结工作表现在如下几个方面：

（1）财务总结。盘点剩余物品，对演员、设备、耗材、服务公司等相关费用进行结算。

（2）相关资料总结。资料收集、归档、各种合同、方案策划、执行台本、宣传（网络、电视、报媒、杂志等）资料收集、现场照片、录像、物料设计稿。

（3）工作经验总结。对内、对外总结报告，参与人员评估与奖惩。

# 4.4 案例链接

## ××美白新品发布会

### 1.项目概况

项目名称：××公司美白新品发布会

项目时间：

项目地点：

项目背景：

### 2.主题

健康亮白

### 3.出席人员（约50～60人）

（1）媒体：电视、广播、杂志、网络。

（2）25～29岁年龄层的主流时尚媒体（20人）。

（3）各大商场经理人（14～15人）。

（4）××公司领导及工作人员代表。

### 4.酒会会场场景布置

氛围营造：整个会场用蓝色丝绸和薄纱装饰，丝绸环绕呈波浪形，如置身于神秘的汪洋大海之中。中央舞台背景是××公司设计提供的。

### 5.活动方案

（1）主持人开场白。

（2）××公司领导致辞。

（3）××公司品牌经理介绍美白系列产品。

（4）表演活动。

配合新品"健康亮白"的美白理念，特推出软体舞蹈表演。表演进行时，主持人可结合产品特性略作表述。整个时间控制在十分钟左右。表演包括3大部分。具体如下：

1）"原我"：竖琴独奏，配合海洋深谷的天籁之音，把嘉宾引入主题。竖琴表演其产品高雅的品位和格调相符合，此节目很新颖也与产品的背景相契合。

2）"真我"：软体舞蹈表演。身着亮白（近乎珍珠白色）束身衣的两名舞者（一男一女），用肢体语言表现美白真原色的特点。软体舞蹈一直为很具感性的舞蹈而且非常高雅，美白产品的柔、滑、亮白特质将被人体的肢体语言表现得淋漓尽致。

3）"秀我"：三名身着白纱的"美白仙子"先在舞台表演一段轻快的舞蹈，由舞台逐渐跳到嘉宾席把礼物发至各位嘉宾。"秀我"充分拉近了产品和嘉宾的距离并把美白仙子和产品联系在一起。

（5）媒体记者现场提问。

（6）开始晚宴。

### 6.项目实施过程中的细则

（1）前台设计

百合花形的前台（特制），释放高贵、淡雅的韵味。礼仪小姐身着白色礼服，为到场的嘉宾服务，包括签到、发放礼品和纪念品、给嘉宾指路等。前台的背后布置两面易拉宝，配以明亮的灯光，表现主题，营造出高档和雅致的格调。

前台要求：易拉宝灯光要亮，与前台一起组成视觉焦点，礼仪小姐（2人）服装、面妆要高雅。由于前台留给嘉宾的是第一印象，所以一定要烘托出主题，体现产品的高雅韵味。

另外准备2面易拉宝，在过道或进入会场的途中加以点缀。

（2）主持人

邀请著名电视节目主持人主持本次活动。

（3）嘉宾标志

普通嘉宾每人一件白纱丝巾，经销商佩戴蓝色羽毛胸针，媒体人员佩戴白色纱巾。

蓝色背景舞场包围白色舞台及流动人员的白色元素（白纱丝巾），更加固美白专题的主导思想。

（4）礼品提供

经销商、VIP 嘉宾礼品：特殊礼品包（150 份）（××公司自备）

媒体人员礼品："美白"新品礼包（50 份）（××公司新品自备）

7. 活动时间表

发布会活动要在时间节点、准备内容、人员安排、背景音乐以及灯光音响设备方面做好统筹管理，具体见表 4-2 所列。

发布会时间表 表4-2

| 时间 | 内容 | 人力支援 | 音乐 | 器材配置 |
| --- | --- | --- | --- | --- |
| 14：00 ~ 15：00 | 舞台、背景布置检查，宣传物品布置检查，冷餐食品落实，设备调试 | 工作人员及酒店服务人员 | | 音响，灯光设备 |
| 15：00 ~ 15：50 | 主持人、礼仪小姐到位，场地熟悉，最后彩排 | 主持人、演员、礼仪小姐、工作人员 | 活动所需音乐 | 音响，灯光设备，话筒，活动所需道具 |
| 15：50 ~ 16：00 | 嘉宾入场最后准备 | 工作人员 | 入场背景音乐 | 音响，灯光设备 |
| 16：00 ~ 17：00 | 嘉宾入场 | 礼仪小姐、工作人员 | 入场背景音乐 | 灯光，音响，视听设备 |
| 17：00 ~ 17：05 | 发布会开始，主持人开场白 | 主持人 | | 话筒，追光灯，音响，视听设备 |
| 17：05 ~ 17:10 | 领导致辞 | 待定 | | 话筒，追光灯，音响，视听设备 |
| 17：10 ~ 17：40 | 产品演示 | 化妆师、演示模特 | | 话筒，追光灯，音响，投影设备，化妆品设备 |
| 17：40 ~ 17：50 | 舞蹈表演 | ××组合 | "月光爱人" | 烟机，追光灯，音响 |
| 17:50 ~ 18:00 | 萨克斯管表演 | 演奏者 | "留住有情人" | 音响，追光灯 |
| 18：00 ~ 18：10 | 相关负责人对营业政策作说明 | ××办事处负责人 | 轻柔音乐 | 音响，追光灯，话筒，投影设备 |
| 18：10 ~ 18：20 | 萨克斯管表演 | 演奏者 | "回家" | 音响，追光灯 |
| 18：20 ~ 18：30 | 主持人宣布发布会结束，晚宴开始 | 主持人 | 轻柔背景音乐 | 音响，追光灯 |

# 4.5 商业活动策划的关键点

### 1.确立受众目标

为了达到商业活动策划基本的目的,首先要确定活动的目标受众。在商业活动中,不同类型的活动其受众也不尽相同,有大范围的公众,也有小范围的潜在客源,比如商场开业的目标受众多表现于公众群体,而地产项目推介更多地指向潜在的客户。

### 2.明确活动的基本目标

一般而言,商业活动的基本目标表现在以下几个方面,即建立信任、保持忠诚、坚定信心、达成交易。根据不同的活动图其基本目标也不尽相同,有时在同一个活动中,针对不同的受众要实现不同的目标。比如在楼盘开盘活动中,对一般公众要确立起对项目的信任;对摇摆不定的客户要确立起信心;对老客户要保持其对项目的忠诚;对潜在意向客户则尽可能地促成其交易,签订购房合同。

### 3.讲求活动策略

活动策划即活动的整体思路与步骤,包括活动创意的展开、系列活动安排、活动遵循的基本原则以及具体的操作方略。尤其是大型活动现场,活动策略要巧妙地传达出组织者的基本意图,最大限度地影响现场的目标受众。

### 4.制定媒体计划

媒体计划除了合理地安排各类广告之外,还包括有计划地安排新闻稿、专题节目以及专访活动等。对广告活动而言,对版面、时间段、频道、重复率等均要做出细致的计划;对软性宣传而言,组织领导人、新闻发言人的言论要给予特别的安排,以便能够有效地实现与目标公众的双向沟通与交流,并缔结与媒体良好的合作关系。

### 5.传播形式设计

无论多好的策划创意和媒体计划,其良好的设计是活动推广的基础,设计品质的好坏会给整个活动的执行效果带来非常重要的影响,表面上看商业活动的核心在于活动的组织与管理,而实际上设计物品的品质对活动最终效果产生潜在的影响。

### 6.预算费用表

将活动可能涉及的所有费用均以明细表格的形式列出,同时进行适当分类,要为之后活动的实施作重要铺垫,又可使活动的主体对策划活动的开支总额有一个基本的衡量,同时,经费预算也是方案审批时领导决策的重要依据。

# 4.6 问题思考

1.请用最简洁的语言,全面有重点地对上述策划案例进行总体描述,要求不超过500字。

2.庆典活动中,为更好地完成相关物料的设计,设计师需要重点关注活动中的哪些具体内容和信息?

# 第5章
# 会议活动的策划管理与运作流程

**本章导读**

本章主要通过对会议相关问题及运作流程的基本认识，思考会议举办过程中的重要问题，以及设计师如何在会议策划举办过程中发挥作用，主要涉及以下几个方面的问题：

（1）会议概述

（2）会议组织的基本原则

（3）会议组织的注意事项

（4）会议常见突发事件及应对措施

（5）会议的基本流程

（6）案例链接

（7）问题思考

# 5.1 会议概述

会议是人们为了解决某个共同的问题或出于不同的目的聚集在一起进行讨论、交流的活动，它往往伴随着一定规模的人员流动和消费。作为会展业的重要组成部分，大型会议、特别是国际性会议在提升城市形象、促进市政建设、创造经济效益等方面具有特殊的作用。其主要有以下几种类型：

（1）年会。指由政治、贸易、科学、技术领域、社会团体、公司机构举办的年度会议。

（2）专门会议。科技界、贸易界使用的术语，和年会在形式上没有太大的差别。

（3）代表会议。与专门会议相似，被欧洲人和国际性会议常用，在美国，被指称立法机构。

（4）专题学术讨论会。有个人或专门小组做示范讲解，相对论坛会议中较少有观点和意见的交流。

（5）讲座。通常由专家单独示范，会后可安排听众提问。

（6）论坛。反复深入的讨论，一般由小组长或者演讲者来主持。各种问题由小组长和听众提出讨论。

此外，还有研讨会、讨论会、讨论分析课、静修会、学会、专题讨论组等。

# 5.2 会议组织的基本原则

（1）责任到人。明确分工，专人专岗。人人负责就是人人都不负责。

（2）"烂笔头"原则。好记性不如"烂笔头"。

（3）提前原则。确认时间、人数，留出提前量，宁可先预定再取消，提前做好预案。

（4）复查原则。自己重复确认，换人重复确认。

（5）备份原则。备不足、备意外；人，第二个紧急联系人；财，留出足够的备用金；物，留余量，以备人员增加、物品丢失及损坏。

## 5.3　会议组织的注意事项

（1）场地选择。根据会议的基本信息，在了解周边环境的前提下（如客户距离、交通环境、娱乐条件），明确会议的场地要求（如城市、区域、会场级别、场地大小、场型、设备、周边环境等），提出备选方案（如场地、联系人、基本信息、价格、优劣势分析、推荐等）。

（2）会议通知。主要包含食宿安排、交通、后勤联系人、与会者需要做哪些准备工作以及相关日程等。通知形式：邮件、电话、短信。通知的常见附件：会议资料、日程表、交通图、参与人名单通信录、房间信息、航班及接送机安排、周边活动地点联系方式。

（3）会场布置与材料准备。横幅、展架、宣传品、鲜花、茶歇、打印文件、PPT、设备投影、相机、音频线、话筒、白板、笔等。

（4）进程控制。时间提醒：发言时间、休息时间、返回时间。午餐确认：留位确认、时间确认。物品随检：话筒、纸笔、茶水等。参会者反应：对内容、对环境（如空调冷热）等。

（5）第三方沟通。主要指酒店（叫醒服务）、印刷广告制作公司（资料店内的搬运、桌牌制作、场地布置）。沟通的关键点主要在于明确要求、准确传达信息、确认信息到达、确认做到、确认对口人、确认关键时间节点。

（6）VIP 安排。个人喜好确认，鲜花、茶点、饮食要求、饮水偏好、是否抽烟、是否午休、航班要求等；日程安排、车辆接送、晚餐陪同、出行陪同等；房间确认、是否安静、视野如何、有无异味、设备是否正常等。

## 5.4　会议常见突发事件及应对措施

根据会议主办的经验总结，会议过程中常常出现以下情况，会给会议的正常举行带来不利的影响，如果处理不当则会小事变大。

### 1.主要发言人缺席

提前策划如何应对发言人无法完成指定任务的情况，如果这次发言不重要，则可以安排一次休息；如果这次发言相当重要，则权衡是安排一次替代发言还是直接取消；如果发言人是位国际知名人物，他的发言还是整个活动的核心，那么代表们一定会相当失望，而且很可能发泄不满，无论是否能解决问题，都得做好应对代表们责难的准备。

### 2.登记代表数量不足

如果最后的登记与会代表人数很少，那么就得好好想想取消活动的损失是多少，包括财务上及在公共关系上的损失；但有时就是赔本也得继续进行会议；对一些规模较小的活动，比如专家研讨会之类，坚持召开比直接取消损失小得多。

### 3.代表们没有出席

免费活动常出现这种情况，代表们也许登记了，但最后一分钟却放弃了，而且常常毫无征兆。针对这种情况，最好是在活动前给每位代表发封电子邮件以作提醒，要求他们确认当天是否出席，以便必要时调整饮食供应。在某些组织中，免费活动只是针对出席的人，因缺席造成的损失就要由那些登记了却没有出席的人负担，这样就能使出席率有所提高，而且避免了食物的浪费。而对于那些收费活动，很明显，会议组织者必须设法确保缺席者不会导致亏损，那就得调整价格，对那些临时缺席的人征收罚款，因为这时无法找人来替补，而且活动也无法取消了。

### 4.发言人表现不当

会议开始前就应与发言人说明原则。不恰当的言行通常是出乎意料的，但那些熟悉他的人应当对此有所了解。因此，在考虑活动主要发言人的时候，要仔细地进行核查。

### 5.某位代表言行不当

提前做好准备以避免这种事件的发生，若发生这种事情，必要时可请他出去。必须严肃地处理这种问题，而且处理得不过分。

### 6.会议前会场出现了问题

一个较普遍的问题就是会场预订撞车，或应该在会议之前完成的整修工程延迟完成，必须在会前再次予以确认。

### 7.有国家性的重要活动或会议同期举行

例如国家重要会议，建议与代表们沟通一下，看多数人希望怎样做（重新设定会议的日程表、在另外一间屋子提供大屏幕、一切照旧、取消会议）。同时，要在组织与预算允许的范围内，尽最大努力使他们满意，但要清楚，让每一个人都满意是不可能的。

### 8.重要的健康问题

如某位代表不幸患上严重的饮食方面的疾病或者是高度传染的疾病，对这类突发事件的策划至关重要。例如，确保与专业健康专家保持紧密联系，以便在突发疾病时及时求救。

### 9.饮食供应确实令人不满

会议的饮食供应问题很多，评估的数据可以提供许多供应时间、质量以及其他方面的信息。但重要的事情是要持续检查供应的食品是差强人意还是很令人满意，这样至少能参与流程并能尽力改进工作中的不足。

### 10.由于排队而导致饮食供应延迟

这种事件可能会导致整个活动时间被打乱。要事先检查会场，与餐饮供给者讨论相关要求（供应速度），对将要花费的时间进行合理的估计，并在项目中安排机动时间。

### 11.影响代表们到会与离会的主要交通问题

尽早做好会议通知，要求与会代表做好准备。

### 12. IT系统问题

有必要会前核实在当地何处能很快租到设备。成本允许的情况下，在短时间内同时租用多台设备备用。

针对以上常常出现的问题，会议组织过程中应充分做好会前准备，避免突发意外事件，如发生意外，首先要做的是：镇定！不要抱怨要立即行动，利用现有资源，就近寻求支持，超权限及时请示。

# 5.5 会议的基本流程

## 5.5.1　会前准备

　　会前准备工作是会议管理的第一步，对会议做出事先安排与充分准备，是实现会议目的的重要条件。无论会议大小，如会前准备充分，就能事半功倍。准备的具体内容如下：

**1.确认会议的基本信息（5W2H原则）**

What —— 会议主题

When —— 会议时间

Where——会议地点

Who —— 参会人员

Why —— 会议目标

How to do —— 会议形式

How much —— 会议预算

**2.制定会议计划**

主题、主持人、议题、发言人、时间。

会议准备计划：事项、要求、负责人、完成时间。

会场布置。

**3.提出预防措施**

预防人：迟到、缺席。

预防财物：不足、丢失、损坏。

## 5.5.2　会中执行

（1）根据会议计划完成分配的职责。

（2）了解会议需求，及时提供方便。

（3）观察参会者情绪和反馈，弥补不足之处。

（4）认真记录会议内容，以备执行。

（5）相互协助、配合解决突发事件。

## 5.5.3　会议过程中可能出现的问题

　　会议举办过程中，很多细节方面需要精心准备，但由于会议涉及的对象大多是人而非物，这给会议的管理带来了很多难以把控的困难。一般会议中常出现的问题有如下几点（见表5-1）：

一般会议中常出现的各类问题　　　　表5-1

| 原因 | 具体表现举例 |
| --- | --- |
| 时间 | 会议时间过长，没有休息，会议疲劳 |
| 地点 | 场地空间小，隔声效果差，导致与会者分心 |
| 参与者选择 | 必须出席会议的人未到，通知来的是一些可有可无的人 |
| 主持人 | 会议主持人缺乏影响力、说服力，被参会者牵着鼻子跑，无法达到意图 |
| 参会者 | 参与者迟到，不能准时开始，并经常被打断 |
| 资料 | 资料数据不准确，内容不详细，资料不够用 |
| 会议主题 | 开会的原因、目的和结果在会议进行中忽然发现皆不明确，致使会议毫无意义、宣告失败 |

## 5.5.4　会后总结

（1）安排参会者相互交流的场所和机会。

（2）了解参会者的意见和建议（内容 / 组织）。

（3）及时编辑会议资料，整理后下发至相关人员手中（如会议纪要、会议简报）。

（4）跟进会议决议的执行结果。

（5）反省会议组织中的收获与不足。

# 5.6 案例链接

## "2013中国汽车论坛"会议方案

### 1. 论坛概况

论坛指导单位

论坛主办方

论坛支持单位

论坛承办方

论坛时间

论坛地点

### 2. 论坛主题

新增长形势下中国和世界汽车产业发展——战略、品牌、国际化

### 3. 论坛嘉宾

### 4. 参会人员

### 5. 论坛基本议程

（1）2013 年 ×× 月 ×× 日 16：30—18：30，"2013 中国汽车论坛"闭门峰会。

（2）2013 年 ×× 月 ×× 日 19：00—21：00，"2013 中国汽车论坛"欢迎晚宴。

（3）2013 年 ×× 月 ×× 日 8：30—12：30，"2013 中国汽车论坛"主论坛。

（4）2013 年 ×× 月 ×× 日 14：00—18：00，同时举行四个"2013 中国汽车论坛"专题论坛。

### 6. 论坛主要内容

闭门峰会内容

提出当前最关心的问题与产业发展建议，进行现场沟通和交流。

欢迎晚宴：全体代表

论坛内容

本次论坛分主论坛和四个分论坛，具体见表 5-2 ~ 表 5-6 所列。

| 主论坛内容 表5-2 |
| --- |
| 主题论坛 8：30-12：30 |
| 一、领导致辞 |
| 8：30-8：40 协会会长致辞 |
| 8：40-8：50 世界××组织主席致辞 |
| 二、主旨讲演 |
| 8：50-9：20 中国汽车强国战略思考 —— 协会秘书长 |
| 三、主题讲演 |
| 9：20-9：40 全球汽车产业发展与展望 |
| 9：40-10：00 汽车发展战略与规划 |
| 10：00-10：20 中国汽车产业战略与政策的未来 |
| 10：20-10：40 当前全球及中国经济形势与展望 |
| 10：40-11：00 茶歇 |
| 11：00 -12：30 互动交流 |

专题论坛一：新增长形势下
的××产业发展战略规划　　表5-3

| 序号 | 专题论坛 14：00-18：00 |
| --- | --- |
| 1 | 14：00-14：20 世界汽车工业发展的现状与未来格局 |
| 2 | 14：20-14：40 中国汽车及零部件产业未来几年发展趋势 |
| 3 | 14：40-15：00 ×× 集团"十二五"发展规划 |
| 4 | 15：00-15：20 ×× 集团整车及零部件发展规划 |
| 5 | 15：20-15：40 ×× 集团发展战略及零部件产业布局 |
|  | 15：40-16：00 —— 茶歇 |
| 6 | 16：00-16：20 ×× 集团发展战略及零部件发展规划 |
| 7 | 16：20-16：40 ×× 集团自主品牌发展战略及零部件采购策略 |
| 8 | 16：40-17：00 跨国汽车公司在华发展战略与规划 |
| 互动 | 17：00-18：00 新增长形式下的挑战与机遇，汽车强国战略、产业发展战略和企业发展战略的探索 |

专题论坛二：新形势下的汽车品牌与国际化　表5-4

| 序号 | 专题论坛 14：00-17：00 |
|---|---|
| 1 | 14：00-14：20 韩国汽车国际化发展之路 |
| 2 | 14：20-14：40 中国汽车出口策略分析 |
| 3 | 14：40-15：00 积极拓展海外市场、提升商用车国际影响力 |
| 4 | 15：00-15：20 ×× 汽车海外发展战略 |
| | 15：20-15：40 —— 茶歇 |
| 5 | 15：40-16：00 ×× 轿车品牌发展战略 |
| 6 | 16：00-16：20 × × 集团国际品牌发展战略 |
| 7 | 16：20-16：40 中国汽车产业自主品牌发展战略分析 |
| 8 | 16：40-17：00 构建汽车零部件国际品牌 |
| 互动 | 17：00-18：00 企业品牌的打造与国际化道路 |

专题论坛四：汽车市场发展与交通解决方案　表5-6

| 序号 | 专题论坛 14：00-18：00 |
|---|---|
| 1 | 14：00-14：20 全球汽车市场前景分析 |
| 2 | 14：20-14：40 中国汽车市场现状与趋势 |
| 3 | 14：40-15：00 中国轿车市场分析 |
| 4 | 15：00-15：20 中国商用车市场分析 |
| | 15：20-15：40 茶歇 |
| 5 | 15：40-16：00 最新汽车召回制度的实施情况介绍 |
| 6 | 16：00-16：20 日本解决城市交通问题对策 |
| 7 | 16：20-16：40 城市限购成因与效果 |
| 8 | 16：40-17：00 大型城市限行限购对汽车产业影响分析 |
| 互动 | 17：00-18：00 2025 年无缝交通—现在如何行动 |

专题论坛三：建设和谐绿色汽车社会　表5-5

| 序号 | 专题论坛 14：00-18：00 |
|---|---|
| 1 | 14：00-14：20 中国汽车环保政策取向 |
| 2 | 14：20-14：40 25 个城市示范推广节能与新能源汽车介绍 |
| 3 | 15：00-15：20 中国新能源汽车产业发展现状剖析 |
| 4 | 全球车用能源发展战略比较分析 |
| | 15：20-15：40 茶歇 |
| 5 | 15：40-16：00 中国车用油品状况分析 |
| 6 | 16：00-16：20 汽车节能发展新趋势 |
| 7 | 16：20-16：40 自动驾驶技术引领未来世界 |
| 8 | 16：40-17：00 未来汽车行业车联网技术 |
| 互动 | 17：00-18：00 中国新能源车辆发展趋势 |

"2013 中国汽车论坛"组委会 名单

顾　　问：略

名誉主任：略

主　　任：略

副主任：略

委　　员：略

"2013 中国汽车论坛"组委会执委会（略）

"2013 中国汽车论坛"筹备小组（略）

案例来源：2013 中国汽车论坛组委会

# 5.7 问题思考

1.用最简洁的语言，全面有重点地对上面的会议策划案进行描述，要求不超过 500 字。

2.根据以上会议策划案，在会议举办过程中设计师需要完成的设计工作有哪些？为更好地完成以上工作，设计师需要重点关注会议策划案中哪些方面的具体问题和信息？

# 第6章
# 展馆的方案策划
# 管理与运作流程

**本章导读**

本章主要介绍了展馆的类型和项目运作的一般流程，并对流程中设计师的工作内容进行了分析，主要分为以下小节：

（1）展馆的类型

（2）展馆项目运作的一般流程

（3）展馆布展的前期工作

（4）展馆布展策划与设计

（5）展馆布展招投标及程序

（6）布展与管理

（7）开馆准备

# 6.1 展馆的类型

展馆与一般商业型展示项目不同，会展一般多为临时性展览,而展馆项目则多为"永久性"展示项目，当然永久也只是相对而言。一般情况下，展馆内的展示内容和设计也会进行相应的变更与调整，但大的格局和整体展示内容相对比较稳定，就目前存在的各类展馆看，具体有如下一些类型。

（1）博物馆，展馆中发展最为成熟的展馆类型，具体又分为综合性和专题性博物馆，综合性的如国家级及省市级博物馆；专题性博物馆则指以某一特定收藏对象为主要内容的展示馆，如钱币博物馆、邮政博物馆、铁路博物馆等。

（2）纪念馆，以纪念各类历史事件、著名人物以及历史史诗为主要内容的展示馆，如"孙中山纪念堂"、"台儿庄大战纪念馆"以及"校史馆"等。

（3）美术馆，以展示诸如绘画、摄影、雕塑等为主要内容的专业展馆。

（4）主题馆，以某一特定主题为展示对象的展示馆，如海洋馆、自然科学博物馆、科技馆等。

（5）规划馆，以展示城市规划和城市综合文化为主要内容的专业展馆，也称做城市展馆。

（6）企业馆，以企业文化、产品为展示对象的展示馆。

# 6.2 展馆项目运作的一般流程

展馆项目正式立项后需要考虑整个项目的运作流程问题，它涉及前期准备、策划设计、布展招投标、布展施工管理及开馆准备等多个阶段，具体如图6-1所示。

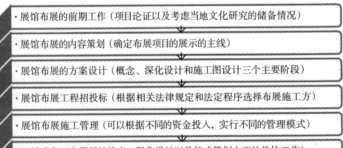

· 展馆布展的前期工作（项目论证以及考虑当地文化研究的储备情况）

· 展馆布展的内容策划（确定布展项目的展示的主线）

· 展馆布展的方案设计（概念、深化设计和施工图设计三个主要阶段）

· 展馆布展工程招投标（根据相关法律规定和法定程序选择布展施工方）

· 展馆布展施工管理（可以根据不同的资金投入，实行不同的管理模式）

· 开馆准备（大量展馆推广、形象设计以及仪式策划方面的具体工作）

图6-1 展馆项目运作的基本流程和主要工作内容

## 6.3　展馆布展的前期工作

### 6.3.1　项目前期需要解决的主要问题

#### 1.项目可行性分析

展馆作为公共服务设施的一种主要类型，其建设过程需要依据严格的法定程序进行运作，项目进行中的每个环节必须有充分的论证依据和法律法规依据，展馆项目的前期工作主要是对展馆是否具备布展的条件（主要从硬件设施条件、效益评估、项目必要性、展示内容初步构思等几个主要方面论述），为政府或建设单位做决策参考，从多个方面论证项目实施的可行性及展馆布展的简单构思，为下一步展馆布展的策划定下基调。

#### 2.展示内容的研究与储备评估

在项目可行性研究过程中，除了对展馆物质条件、经济条件进行可行性分析外，对展示内容的研究是其重要组成部分。展示内容的研究具体分为两个方面：①展示内容有哪些具体的方面，需要通过与展示内容相关的单位组织进行共同研究，如文化管理研究部门（宣传、水利、市政等）、各类文化协会（文学、考古、文化研究与交流等），通过对这些内容的初步梳理与准备，需要对其进行合理的评估；②之所以要对整个展示内容进行合理评估，原因在于"并不是所有的东西都有展示的价值"，展馆的价值根本在于展示对象本身的价值，而不是为展示而展示，还有要对前期整理的成果总量进行总体评估，看其是否有足够多的展示内容来满足当前展馆的需要。

### 6.3.2　案例链接

#### ×市城市规划展示馆布展工程可行性报告

1. 项目来源
2. 项目提出的背景

（1）时代背景

人类对城市存在意义的不断探求：城市是人类的集聚地，是现代经济和文化的发源地。中国的城市人口占全国总人口的43%以上，据测算2030年将达66%，因此城市的发展理念与发展模式，成为影响乃至决定当今社会发展的重要力量，也成为国家、城市不断探求的重要议题。

生态文明价值观的提出与确立：建设生态文明的实质就是要建设以资源环境承载力为基础、以自然规律为准则、以可持续发展为目标的资源节约型、环境友好型社会，按自然规律、社会规律建立起来的人、自然、社会和谐发展的社会文明形态。

规划之于城市发展的战略意义：规划引领城市发展、规划影响生活方式。规划是城市发展的龙头，也是城市生命力和可持续发展的重要体现。

（2）区域经济发展

3. 国内规划展览馆建设情况和趋势

随着我国经济社会的快速发展，城市形象建设也日益得到重视，各地城市规划展览馆也应运而生。城市规划展览馆有着树立城市形象、展示城市风貌以及帮助招商引资等功能，因而受到地方政府的高度重视。

城市规划展览馆作为城市整体形象和对外交流的重要平台，全方位、多角度地展现了城市建设的沧桑巨变以及城市发展成果与总体趋向。它不仅为城市规划精细化管理提供了有力支撑，成为政府规划决策与社会各界沟通的桥梁，是国内外专家、城市投资建设者提供学术报告、规划咨询的场所，也是普通市民了解、参与、监督城市发展的最系统、直观、生动、快速的有效途径。从发展趋势而言，规划馆已跳脱于一般意义上的展览建筑，形成全新理念引导下的独立的建筑类型。它不仅仅是承载着城市演变历史的物质容器，也不再局限于成为支撑城市精神的纪念碑，而以更为公共与开放的积极姿态融于城市的公共生活，以更为多样性与复合性的展示方式诠释人与城市的深层关系，以更为特征性与关联性的语言智慧地体现城市的内在性格与精神特质，从而真正成为城市文化精神的栖息之所。

4. 项目概况

（1）项目名称：×市城市规划展览馆布展工程及水城之窗项目景观与室外配套工程

（2）项目承办单位：×市城乡规划局

（3）拟建地点

项目选址符合城市总体规划用地功能分区要求，该地块配套基础设施齐全，地势平坦，交通便捷，通信畅通，适宜该项目的建设。

（4）布展条件

按照工程总体进度，至 2012 年 10 月份，布展工程即可开始施工，有关布展工程的策划、立项、招标、设计、施工必须在 2012 年 12 月份之前完成。同时，考虑主体施工与布展工程的施工界面的划分必须在主体工程内装开工前完成，因此，布展设计必须在 2012 年 3 月份之前完成，确保 2013 年元旦开馆。

配套工程涉及两馆一中心及口部伪装房工程，鉴于配套工程的施工和上述主体建筑的竣工时间相关联，而主体工程的竣工时间相差较大，其施工应分两个阶段，前期先行完成两馆部分，后期完成人防部分。

5. 项目投入总资金和经济效益分析

（1）项目投入总资金

×市城市规划展览馆布展项目投资估算为 × 万元，水城之窗建设项目室外配套投资估算为 × 万元。本项目总投资 × 万元，资金来源全部为财政资金。

（2）经济效益分析

×市城市规划展览馆作为公益性项目，开馆后免费开放，无营业收入。开馆后，为维持规划馆的正常运行及进行相关的研究工作，每年运行费用约计 × 万元。包括：展览馆水电费、工作人员工资（含各项保险福利）、物业保洁费用、安保费、设备维修及更新费等。

（3）社会效益分析

本项目实施后，不仅促进了 × 市城市发展，使城市经济效益得到明显的提高，而且满足了市民日益增长的文化生活需求，为城市文化中心的形成奠定了坚实的基础。社会效益具体表现在：

1）通过城市规划展览馆的建设，完善了文化设施布局，创建了新的城市文化名片，为宣传城市提供了窗口，也提升了自身的文化内涵、品质和形象；

2）城市规划展览馆的建成，提供了市民文化、休闲场所，在满足市民日益增长的文化生活需求的同时，提升了市民的文化素质；

3）通过场馆展示、公示和公众参与等环节，使市民能够更深入理解城市规划和相应政策的制定和落实，能够使政府及时吸取市民的建议，及时化解矛盾，促进了社会的和谐发展。

6. 建设的必要性

（1）了解城市发展新理念

从"人来到城市，是为了更好的生活"，到"城市，让生活更美好"，再到如何利用本地区独特的历史、人文、发展基础，找到更适合的"更美好的生活"。探索城市发展的新路径，为未来城市发展、城市生活提升、城市品位提高以及城市存在的目的和美好生活寻找新的发展道路。

（2）展现资源型城市转型发展的实践样本

资源是人类生存发展的必须要素，国内外

众多资源型城市在向自然索取之后，面临着资源枯竭、城市经济转型的重大课题。经过十几年的建设与摸索，×市寻找到了生态环境与社会经济相互作用、交融、共生的一种发展中的关系。这种探索，是留给中国乃至国际上众多资源型城市的一种参考样本，×市城市规划展览馆，将×市的生态本色、结构特色、空间景观、生活方式、文化底蕴的规划、建设发展直接传达给社会。

（3）城市发展目标与目的的统一

从以人为中心到"以环境与资源为中心"再到以人为本，×市一直紧抓住国家战略的实施机遇，加速推动从资源开发城市向区域中心城市的转型，将×建设成为高效生态与海洋产业集聚区、全国重要的陆海统筹协调发展先行区、全国宜居创业城市。×城市规划建设模式是对人、城市、自然环境和谐共处的深层思考，是城市发展目标与发展目的的有机统一。

（4）城市精神文明建设需要

文化是一个城市的灵魂。随着城市的高速发展，人们对文化精神的需求日益增长。项目的建设一方面要能够得到公众的支持和评议，从而提高城市规划的效率和稳定性，创造和谐环境；另一方面也着力于提升市民的整体素质，从而更有利于城市经济、社会与环境各方面的可持续发展。通过城市规划展览馆这个城市窗口，不仅能够使市民回溯城市发展历史，唤起市民对城市的美好记忆，体味到城市文化朝气蓬勃的气息，欣赏到城市发展的宏伟蓝图，还能提供外界了解××的便捷通道，展现城市的魅力，增添又一张亮丽的城市文化名片。此外，×市城市规划展览馆将采用先进的生态理念和技术，打造出一个节能、节地、节水和节材的绿色建筑，不仅为生态建筑的建设和推广提供了良好的示范，也对生态文明建设起到了全面推动的作用。

（5）彰显城市发展机遇的需求

×市正处于城市转型期，要在优化调整城市空间布局、塑造和谐卓越人居环境、突出城市特色、塑造城市形象、改善投资环境、促进第三产业发展、充分展示水城特色魅力、挖掘城市文化内涵等方面做出诸多举措。城市规划展览馆的建设，将成为改善生态环境、美化城市形象的象征符号，成为高效生态经济区的核心区域和前沿城市的时代地标。

（6）城市建设和调控职能的需要

×市城市规划展览馆的建设，一是为市政府推行政务公开和"阳光规划"的宣传提供了展示平台，让市民更直观了解城市的发展和变化，提升市民自豪感，激发市民热爱家园的情感，主动积极为建设献计献策，普遍提升市民的整体素质，为促进城市发展提供新的动力，凝聚人心；二是展示城市形象的窗口，通过这个城市窗口，人们能够顺着城市发展历史的足迹和对城市的记忆，体味到城市文化朝气蓬勃的气息，欣赏到城市发展宏伟的蓝图，能够积极主动支持城市规划工作的开展，使规划展览馆成为城市发展象征的浓缩点。

7.项目总体评价

本项目的建设是加强社会主义建设的需要，符合文化盛市的发展战略思想。项目有利于凸显城市规划的引导和调控职能，满足可持续发展的迫切需要。同时，项目的建设还提供了公众参与城市规划更便捷的途径，有利于城市规划政策的落实，有利于和谐环境的创造，有利于提升市民的整体文化素质。此外，项目的建设还提高了城市环境竞争力，进一步提升了城市魅力。

本项目地块周围的市政配套条件基本完善，能够满足项目建设的需要，项目建设条件已趋成熟，因此，本项目的建设是必要的和可行的。

附件1.×市城市规划展览馆布展方案建议

1.展示定位分析

城市规划展览馆作为城市的窗口，将城市的过去、现状和未来展现给参观者，并作为市民的休闲、活动场所，成为城市中的重要旅游景点和文化名片。可以将×市城市规划展览馆诠释为：

城市个性的精神殿堂；

城市发展的时代坐标；

科学发展的载体平台；

未来城市的体验空间。

2.规模定位

本项目包含两部分，一是城市规划馆的布展工程；二是水城之窗项目的室外配套工程，包括景观工程，道路工程，两馆一中心的室外给水、排水、雨污水、配电等工程。

其中城市规划展览馆布展项目在建筑设计方案的基础上进行设计，以展览展示功能为主，并设置与展示相配套的功能区域，布展面积总计 11000m²，包括：

（1）展览区（包括总规模型区、区域模型区、影院、互动体验区）；

（2）公共服务区；

（3）会议区；

（4）贵宾休息区；

（5）设备区；

（6）室外区；

（7）配套服务区。

水城之窗项目配套工程包括两馆一中心的全部室外配套项目，水城之窗项目规划用地面积 77650m²，景观规划设计面积共 55285m²。根据初步设计方案，其中绿化面积 34000m²，道路硬化 4510m²，铺设花岗石面积 15990m²，785m² 其他配套设施（建设花池、景墙、花架、坐凳等）及灯光设计。

3.功能定位

第一座中国城市理念型主题规划展馆；

六大功能；

了解城市发展历程、历史意义的窗口；

解读城市规划，展现城市未来的平台；

进行城市规划学术研究和交流的基地；

城市规划理念与发展思路的参与载体；

品味城市精神与城市个性的亮丽名片；

打造公众参与、休闲、旅游的复合型空间。

4.设计风格

风格构想：文化性、现代感、简约意识的有机统合，特征风格的完美展现。在展陈风格上做到内容特征化，表现现代感，氛围简约性。

5.展示主题分析与内容梳理

（1）主题分析

×市城市规划展览馆应该以"规划"为主线来展开，展示通过"规划"给城市带来的发展机遇以及未来的发展方向，因此主题的设定不能脱离"规划"而空谈城市。

从《雅典宪章》中强调人、人的活动、人的利益是城市规划的基础，到《马丘比丘宪章》对此做的修改和完善，强调生活环境和自然环境的和谐，并要求规划和各利益群体之间的协调与配合，到霍华德的田园城市流露出的浓厚的人文关怀思想，现代规划从技术层面走向人本主义关照，人文关怀、城市个性构建、城市环境保护和可持续发展问题成为现代规划理念重要组成部分。如何发挥规划展览馆承担的功能，真正实现体验式参观，激发参观者情感，引发关于城市的思考，并在行为上发生正面的改变，是在 ×市城市规划展览馆前期立项时所要考虑的首要问题。

找到这座场馆的独特身份属性，实现不可替代性与唯一性，并结合城市发展特色与战略需要，综合国内外规划展览馆的成功经验，从而提出 ×市城市规划展览馆的主题思路——理念引领设计、主题统筹内容。这个主题应该体现以下几个维度：

突出 ×市规划发展的理念；

直接呈现 ×市城市的未来；

展现 ×市规划发展在地区、中国乃至世界城市发展过程中的独特贡献。

（2）主题定位

空间即主题，城市即生活，生态——显露美好的姿态。

展馆空间是整个展陈的最大主体，发展理念是城市发展的形而上高度浓缩，将展陈空间诠释为最大的展项，即城市规划理念的直接物化。

（3）主题

"生态之城 、湿地之城"

6.内容梳理及初步规划

给初步调研，展示内容及空间安排见表6-1所列：

展馆空间内容布局　　　　表6-1

| 二层空间 | | | |
|---|---|---|---|
| 展区 | 主题 | 内容 | 展项 |
| 城市会客厅 | 城市印象 | 对城市的文化和未来发展进行综述，让城市优势直观明了 | 展厅形象墙 |
| | 城市概况 | 图文内容：人文、历史、地理、经济社会发展 | 区位投影 |
| | 领导关怀 | 展示各级领导人参观指导的影像 | 无缝拼接屏，电子留言 |
| 时间长河 | 朝花夕拾 | 互动视频形式：展示城市历史建筑及名人故居 | |
| | 建制沿革 | 互动的形式：最直接地参与到城市的历史文化中，感受建市以来的发展及历史的辉煌足迹 | 多点触摸桌 |
| | 人文城市 | 自主选择性去了解 × 市的人文历史，更加清楚 × 市的人文环境 | 电子翻书 |
| | 城市原风景 | 向观众介绍 × 市最原始风貌 | |
| | 记忆老影像 | 复原前期乃至早期的 × 市，让观众在休闲娱乐中记住城市的故事 | 影像卷轴 |
| | 追溯之旅 | 生动逼真的全息和幻影成像技术，再现城市气息，高科技技术全面而且深入地演绎这个美好的城市 | 全息投影 |

续表

| 二层空间 | | | |
|---|---|---|---|
| 展区 | 主题 | 内容 | 展项 |
| 蓝图总览 | 规划引领未来 | 中心大沙盘模型结合舞台灯光等演示系统，展现城市未来 | 舞台灯光LED系统 |

| 三层空间 | | | |
|---|---|---|---|
| 建设成就 | 数字之城 | 展示城市的数字化技术发展及数字化城市的优势及特长 | |
| | 水城之窗 | 先进的互动技术项目，打开观察城市建筑成就的窗口 | |
| | 今昔对比 | 图片：互动中了解到过去的古城风光和如今的城市新貌 | 城市万花筒 |
| | 八大亮点工程 | 展示城市建筑成果中的八大亮点工程 | |
| 总规 | | 大型的四位一体沙盘模型，既可清晰地纵览城市发展建设规模与未来规划，又可身临其境感受城市的壮阔山河 | 四位一体沙盘模型 |
| 和谐之城 | 专项规划 | 展示对内对外交通线路 | 交通壁挂模型 |
| | 综合交通规划 | | 立体环幕 |
| | 市政基础设施 | | |
| | 城市风采 | 自驾游互动模式，体验城市风光和优美的文化环境 | 自驾游 |
| | 公共服务设施 | 教育、文化、体育、卫生各方面情况 | |
| | 湿地规划 | 湿地保护工程项目 | |
| | 旅游规划 | 虚拟形式，体验六大生杰湿地风貌区、× × 公园和天鹅湖 | 湿地体验空间 |
| | 绿地规划 | 绿地规划中的一环、一河、多带串联四十五等多处工程 | |

续表

| 四层空间 | | | | |
|---|---|---|---|---|
| 亮点前瞻 | 详规 | 控制规、修建详规、中心城规划 | 展示高效生态经济区、商业区、新城等工程的修建性与控制性规划项目 | 模型投影，液晶 |
| | 重大工程 | | 互动触摸桌，亲身体会×市的重点工程项目 | 多点互动触摸桌 |
| 鱼水共融 | 城乡统筹 | | ×市管辖的各区县 | 投影 |
| | 新农村建设 | | 展现新农村建设成就与规划 | |
| 城市动力 | 产业规划 | | 展示经济开发区建设成就及发展规划 | 投影模型城市魔盒查询屏+液晶屏：触摸桌 |
| | 三大产业 | | 介绍三大产业发展成就、发展规划及优秀企业 | |
| | 入驻优秀产业 | | | |
| | 招商平台 | | 各区县经济开发区现状 | |
| | ××之城 | | 立体多方位综合展示×市产业文化 | |
| 未来城市 | 3D影院 | | 对未来城市发展前景进行展望，介绍数十年后发展状况 | 3D影院 |
| 互动体验 | 小小规划师 | | 娱乐休闲项目，规划自己心目中最美的×市 | |
| | 搜房记 | | 娱乐休闲项目，（主要针对市民）搜索自己的家 | |
| | 规划知多少 | | | |

### 7. 展示内容分析

目前，国内各城市规划馆均按照时间为线索分别展示过去、现在、未来，以历史沿革、历史文化、历史名人、历史建筑等内容集中表现城市过去，以城市建设、经济建设、社会建设等成就集中表现城市现在，以总体规划、详细规划、专项规划等规划成果集中表现城市未来，挖掘本城市该表现内容的重点与亮点进行展陈设计与展示，但也带来了一个问题，以什么主线连接起城市的过去、现在、未来，或者说城市生长的历程中，究竟是什么力量决定了它的发展模式与生命过程。

每一座城市都有其独一无二的发展史，处于不同的发展平台，在展示定位上，将突破以往城市规划展览馆过去、现在、未来的单纯时间轴线的展陈主线，应当考虑在参观者游览过展馆后，他们得到的有效信息是什么，他们将带着怎样的问题来到这里，而又带着怎样的答案离开，抑或是更深层面的思考，以及行为模式的改变。

在展陈内容上，要抓住以下几点：

以城市生命为视角，探索它的成因、历史背景、历史贡献；

以城市变迁为切入，再现城市形态形成过程以及城市功能的演变；

以城市规划为主线，传达规划引领城市发展、规划改变未来生活的理念；

以参观受众为主体，根据不同群体接受信息的特点设置展览方式。

### 8. 展示手段分析

国内规划展览馆行业已经经历了从第一代传统展陈展览到第二代多媒体时代展陈再到第三代数字化互动时代。展示所采用的手段基本相同，即通过展板、模型、实物和大量珍贵的史料图片，运用场景复原、多媒体互动、3D影院、模拟航船、模拟行驶和声、光、电等现代技术展现城市建设。在设计方面，往往大量采用高科技手段来实现展览馆的现代感及科技感。但是随着时间的推移，新建场馆往往在技术上容易实现新的突破，从而使已有的场馆面临着技术上落后的局面。随着后世博时代的来临，世博会为国内的展览行业带来了新的思考，这绝不是简单的新一轮的技术更新与数字化升级，而是以人为本的设计应用，为了更完美地实现展示技术与展示内容的主题统一，在掌握了国内外行业内高端高新技术之后，在进行技术选择时应思考这样几个问题：

技术的终极目的是什么？

场馆设计的现代感、未来感的感知主体是谁？

如何高水平地利用互动数字形式打造亲人界面？

附件 2. 项目可行性研究报告编制依据

（1）×市水城之窗项目可行性研究报告、施工图及相关资料；

（2）国家现行有关政策、法规、标准；

（3）国家发展与改革委员会系统关于编制项目前期文件的有关规定。

### 6.3.3　案例总结

本报告对项目的来源、提出的时代背景、项目概况、投入总资金和效益分析、建设必要性进行了全面的论述，并对项目进行了总体评价。作为可行性报告，其主体必然是对项目面临的具体环境和条件进行分析，进而针对项目可行性的论证上进行严谨论证。报告最后的布展方案的内容将为后续的项目奠定基础，此处不是本报告的主体内容，但是作为展馆展示内容的雏形，这也是下一步布展策划与设计招投标文件制定的主要依据。

### 6.3.4　本阶段布展设计工作

文本设计以及设计准备，本阶段设计师需要从方案内容入手，开始逐步接触展馆总体的布展方案，必要情况下需协同项目策划组共同完成可行性报告的编写。其目的一方面通过对报告内容的设计，可以让可行性报告更加形象直观地传达出项目可行性的主要内容；另一方面通过对前期策划工作的参与，逐步建立起展馆展示内容的基本框架，并对展示形式尽早进行构思或参考资料的定向整理与收集，为后续的概念设计奠定基础。

### 6.3.5　问题思考

请用最简洁的语言，全面有重点地对上面的研究报告进行描述，要求不超过 500 字。

## 6.4　展馆布展策划与设计

作为项目运作流程中的重要环节，项目的布展策划与设计一般分为以下三个主要阶段：

**1.布展策划与概念设计**

布展策划主要指布展内容大纲的编写和深化，布展项目的内容策划主要根据展馆展示主题分类别地进行演绎，然后通过对展示内容的研究与收集，逐步形成完整的展示内容大纲。在这一阶段，展馆的内容策划不能仅仅停留在纲要性的描述，而应该尽可能地通过实际调研的方式展开对内容与展示对象的收集与整理，以此为基础进行空间及展示形式的具体设计。

**2.深化设计**

深化设计主要是在概念设计的基础上，在总体空间规划、展示内容、展示形式上做进一步的推敲。总体空间规划继续论证空间形态与内容布局之间的关系，人流动线的合理性；展示内容主要是将展示的具体对象从文本、图片或实物方面进行具体落实；展示形式则主要指对各类展示载体（展台、展具、设备等）和多媒体互动设施进行可行性论证分析，保证展示形式的可实施性。

### 3.施工图设计

施工图设计是在方案定稿之后进行的最后一步设计活动，其前提是方案定稿且场地已经完全准备就绪，特别注意的是在设计前需要对场地的具体尺寸进行实地测量，保证基础空间环境数据的准确性。施工图的绘制应重点注意标准与规范问题，它是设计管理的主要内容，良好的管理能够大大提高施工图设计的效率，标准规范问题常常体现在如下方面：

（1）图例的标准与规范问题。由于展示设计相对没有形成成熟的设计规范，当前主要参考建筑装饰设计的规范进行绘制，有些大型设计单位会根据自身的经验总结并制定内部的标准与规范，这些规范与标准必须在项目设计前与团队所有成员进行充分沟通，保证团队成员间的高效协同。

（2）比例规范。根据具体情况选择不同的比例尺，在总平、顶面、立面、剖面、展台、结构节点设计上进行不同比例的设置，所有比例尺的选择同样也要在团队内部之间达成一致。常用的比例尺有1：500、1：100、1：50、1：10等。

其他水电暖的设计图纸也尽可能地在比例和图例使用方面与布展装饰施工图保持一致。

## 6.5 展馆布展招投标及程序

### 6.5.1 招标形式

#### 1. 公开招标

是指招标人以招标公告的方式邀请不特定的法人或者其他组织投标。公开招标，又叫竞争性招标，即由招标人在报刊、电子网络或其他媒体上刊登招标公告，吸引众多企业单位参加投标竞争，招标人从中择优选择中标单位的招标方式。按照竞争程度，公开招标可分为国际竞争性招标和国内竞争性招标。

#### 2.邀请招标

是指招标人以投标邀请的方式邀请特定的法人或其他组织投标。邀请招标也称为有限竞争招标，是一种由招标人选择若干供应商或承包商，向其发出投标邀请，由被邀请的供应商、承包商投标竞争，从中选定中标者的招标方式。邀请招标的特点是：①邀请招标不使用公开的公告形式；②接受邀请的单位才是合格投标人；③投标人的数量有限。

#### 3.议标

也被称为非竞争性招标或指定性招标，由业主邀请一家最多不超过两家知名的单位直接协商、谈判，这实际上是一种合同谈判形式。

#### 4.招标代理

招标人有权自行选择招标代理机构，委托其办理招标事宜。招标代理机构是依法设立从事招标代理业务并提供服务的社会中介组织。

## 6.5.2 招标流程

（1）招标资格与备案。招标人自行办理招标事宜，按规定向建设行政主管部门备案；委托代理招标事宜的应签订委托代理合同。

（2）确定招标方式。按照法律法规和规章确定公开招标或邀请招标。

（3）发布招标公告或投标邀请书。实行公开招标的，应在国家或地方指定的报刊、信息网或其他媒介，并同时在网上发布招标公告；实行邀请招标的应向三个以上符合资质条件的投标人发送投标邀请。

（4）编制、发放资格预审文件和递交资格预审申请书。采用资格预审的，编制资格预审文件，向参加投标的申请人发放资格预审文件。填写资格预审申请书。投标人按资格预审文件要求填写资格预审申请书（如是联合体投标应分别填报每个成员的资格预审申请书）。

（5）资格预审，确定合格的投标申请人。审查、分析投标申请人报送的资格预审申请书的内容，招标人如需要对投标人的投标资格合法性和履约能力进行全面的考察，可通过资格预审的方式来进行审核。招标人可按有关规定编制资格预审文件并在发出三日前报招标投标监督机构审查，资格预审应当按有关规定进行评审，资格预审结束后将评审结果向招标投标监督机构备案。备案三日内招标投标监督机构没有提出异议，招标人可发出"资格预审合格通知书"，并通知所有不合格的投标人。

（6）编制、发出招标文件。根据有关规定、原则和工程实际情况、要求编制招标文件，并报送招标投标监督机构进行备案审核。审定的招标文件一经发出，招标单位不得擅自变更其内容，确需变更时，必须经招标投标管理机构批准，并在投标截止日期前通知所有的投标单位。招标人按招标文件规定的时间召开发标会议，向投标人发放招标文件、施工图纸及有关技术资料。

（7）踏勘现场。招标人按招标文件要求组织投标人进行现场踏勘，解答投标单位提出的问题，并形成书面材料，报招标投标监督机构备案。

（8）编制、递交投标文件。投标人按照招标文件要求编制投标书，并按规定进行密封，在规定时间送达招标文件指定地点。

（9）组建评标委员会

（10）开标。招标人依据招标文件规定的时间和地点，开启所有投标人按规定提交的投标文件，公开宣布投标人的名称、投标价格及招标文件中要求的其他主要内容。开标由招标人主持，邀请所有投标人代表和相关人员在招标投标监督机构监督下公开按程序进行。从发布招标文件之日起至开标，时间不得少于 20 天。

（11）评标。评标是对投标文件的评审和比较，可以采用综合评估法或经评审的最低价中标法。评标委员会根据招标文件规定的评标方法，借助计算机辅助评标系统对投标人的投标文件按程序要求进行全面、认真、系统的评审和比较后，确定出不超过 3 名合格中标候选人，并标明排列顺序。

评标委员会推荐中标候选人或直接确定中标人应当符合：①能够最大限度满足招标文件中规定的各项综合评价标准；②能够满足招标文件的实质性要求，并且经评审的投标价格最低，但低于企业成本的除外。

（12）定标。招标人根据招标文件要求和评标委员会推荐的合格中标候选人，确定中标人，也可授权评标委员会直接确定中标人。

使用国有资金投资的项目，招标人应当确定排名第一的中标候选人为中标人。排名第一的中标候选人放弃中标，因不可抗力提出不能履行合同，或者招标文件中规定内容未满足的，招标人可以确定排名第二的中标候选人为中标人，依此类推。所有推荐的中标候选人未被选中的，应重新组织招标。不得在未推荐的中标候选人中确定中标人。招标人授权评标委员会直接确定中标人的应按排序确定排名第一的为中标人。

（13）中标结果公示。招标人在确定中标人后，对中标结果进行公示，时间不少于 3 天。

（14）中标通知书备案。公示无异议后，招标人将工程招标、开标、评标、定评情况形成书面报告送招标投标监督机构备案。发出经招标投标监督机构备案的中标通知书。

（15）合同签署与备案。中标人在 30 个工作日内与招标人按照招标文件和投标文件订立书面合同，签订合同 5 日内报招标投标监督机构备案。以上是招投标的一般流程，具体如图 6-2 所示。

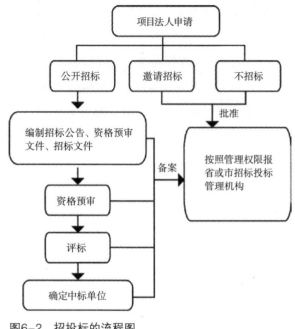

图6-2　招投标的流程图

---

# 6.6 | 布展与管理

## 6.6.1　布展管理的几种模式

对展馆布展而言，其施工管理主要指布展施工，建筑领域的施工管理已有成熟的管理模式，此处不再赘述。而对于布展施工与管理，由于目前没有成熟的模式，尚且处在探索过程中，但作为公共建设项目，国际上有关公共项目建设管理的模式可以为其提供必要的借鉴（表 6-2），总体可以分为设计招标建造模式——DBB 模式（Design-Bid-Build）；建造管理模式——CM 模式（Construction-Management）；设计 + 管理模式——DM 模式（Design-Manage）；建造—运营—移交模式——BOT 模式（Build - Operate-Transfer）；管理承包模式——MC 模式（Management Contractor）；设计—采购—建造模式——EPC 模式（Engineering-Procurement-Construction）。具体如表 6-2 所示。

以上是当前国内外公共工程项目建设管理的主要模式，作为展馆布展项目，国内普遍的做法是第六种，即 EPC 模式（Engineering-Procurement-Construction），也就是当前展馆设计施工行业倡导的"设计施工一体"化。

各项目管理模式主要因素比较　　　　　　　　　　　　　表6-2

| 对比内容 ＼ 模式 | DBB 模式 | CM 模式 | DM 模式 | BOT 模式 | MC 模式 | EPC 模式 |
|---|---|---|---|---|---|---|
| 主要特点 | 依次经历设计、招标、建造阶段 | 划分若干子项工程阶段后依次发包 | 业主委托有实力的企业同时承担设计和管理业务 | 主要用于城市基础设施建设和运营市场 | 聘请专业项目管理公司在合同范围内代表业主行使管理权限 | 承包商按约定的质量、资金、进度完成项目建设，竣工就能马上运营 |
| 能力要求 | 对业主综合管理能力要求高 | 对项目承包人管理能力要求高 | 对企业人才综合能力要求高 | 项目承担人需具备很强的经济实力 | 管理商有很强的经济技术实力、管理能力、高信誉 | 对总承包商设计、施工管理能力要求高 |
| 项目经理介入时间 | 建造阶段介入 | 设计阶段介入 | 设计和管理全程介入 | 建造阶段介入 | 项目立项时介入 | 设计阶段介入 |
| 建设质量控制情况 | 有利 | 有利 | 有利 | 有利 | 有利 | 有利 |
| 建设周期控制情况 | 建设周期长 | 建设周期短 | 建设周期相对缩短 | 周期长，特别是前期长 | 短 | 短 |
| 建设投资控制情况 | 利于控制投资，但工程索赔较多 | 可控制 | 利于控制投资 | 解决政府暂时性资金不足的现状 | 节约 | 可控制 |
| 风险主要承担者 | 业主 | 业主 | 受委托管理的企业 | 项目承担人 | 代建公司 | 总承包商 |
| 管理模式在工程上的运用情况 | 多用于工程建设投资项目 | 多用于工程建设投资项目 | 国内少运用 | 基础设施和运营市场建设 | 固定投资，财政专项基金 | 用于国内各类建设投资项目 |
| （以5000万元，330日为例，可能出现的结果 | 结算价款 >5000 万元，工期 >330 天 | 结算价款 ≥ 5000 万元，工期 ≥ 330 天 | 结算价款 ≤ 5000 万元，工期 ≥ 330 天 | 结算价款 ≤ 5000 万元，工期 <330 天 | 结算价款 <5000 万元，工期 <330 天 | 结算价款 ≥ 5000 万元，工期 <330 天 |

## 6.6.2　本阶段布展设计师工作

在之前的项目进程中，设计师完成了布展方案的概念设计，并把概念进行深化使之逐步落地，而真正的布展工程实施过程中，除了传统的工程监理，需要设计师配合做更多现场的监理和指导工作，甚至某些展馆项目上明确需要有驻场设计师，这是因为布展项目很大程度上不仅仅是按图施工的问题，还有一定的艺术创作成分，只有这样才能保证设计概念的最终实现。

## 6.7 开馆准备

### 6.7.1 开馆准备工作

展馆开馆之前需要做好各方面的准备工作，具体分为以下几个方面：

**1.活动方面**

大型展馆正式开馆前往往需要举办不同规模和形式的开馆仪式，活动的具体策划和执行要求，可以参见庆典与仪式活动的策划管理章节。

**2.布展工程方面**

主要包含装饰工程和展示设备的最终调试，装饰工程既要保证基本的硬装潢和软装部分，还要在版面等部分保证细节的完成，设备方面则要保证所有的展示设备可以无故障连续运行。

**3.展馆形象方面**

除了开馆仪式方面的形象设计，展馆在后续的推广和运营过程中需要建立独具特色的整体形象（即机构单位的 VI 识别系统），具体包括大量日常使用的延展应用，如参观导览手册、展馆内外的导向系统、展馆官方网站等。

开馆是展馆项目正式运营的开始，也是布展工程的阶段性结尾，因为不同展馆其展示内容常常处于动态变化中。而展馆的开馆并不意味着设计工作的结束，大量工作仍需要设计师后续完成。

### 6.7.2 问题思考

为完成展馆开馆活动和后续的运营，设计方面有哪些具体工作？为了更好地完成这些工作，设计师需要掌握并理解哪些关键的内容和信息？

# 第7章
# 案例分析
# 与解读

**本章导读**

　　本章通过不同类型案例的解读，深入理解主题策划与设计、创意之间的关系，关键理解两个问题，一是设计如何表达策划主题；二是设计表达策划主题的基本前提即理解策划。本章涉及的案例全面涵盖了综合型展会、商业展会、会议、仪式活动、公益活动和展馆。

　　（1）综合博览会的主题策划与设计

　　（2）商业展会主办方主题策划与设计分析

　　（3）商业展会参展方策划与设计分析

　　（4）会议与论坛的策划与设计执行

　　（5）推广活动与仪式的策划与执行

　　（6）公益活动的策划与设计

　　（7）展馆的整体策划与设计执行

# 7.1 综合博览会的主题策划与设计

世博会作为世界上最大规模的展览活动，从主题策划与演绎、规划建筑、景观、形象到布展设计、招商招展、开闭幕等各环节组成了一个庞大的系统工程，通过分析世博会这种最高级别与高水平的综合型盛会，可以启发思考会展活动策划主题如何通过设计的途径表达出来，进而理解策划、创意、设计与管理之间的关系。

## 7.1.1 日本爱知世博会的策划与设计

**总体概况**

举办时间：2005 年 3 月 25 日～ 2005 年 9 月 25 日（共 185 天）

地点：（日本）爱知县，濑户市、长久手町和丰田市

主题：自然的睿智

副主题："宇宙、生命和信息"、"人生的'手艺'和智慧"、"循环型社会"

规模：占地面积约为 173hm²，分为海上区域和青年公园两部分。

展示内容：包括尊崇自然的感觉、与大自然和谐相处的生活方式、源于自然的艺术成果等。

**1.策划部分**

（1）主题演绎

以"超越发展——大自然智慧的再发现"为主题，呼吁保护环境、实现人与自然共存。

主题的理念：爱知世博会从会场设计到各展馆的建造、展示的新科技新技术和传统特色都程度不同地追求一个目标：人与自然与地球和谐共处。此次世博会被冠名为"爱·地球博"。"爱"除了表示主办地爱知县外，蕴涵深意便是"爱"

与"地球"，即人类如何实现与地球这个生养人类的自然环境和谐共生，这也是新世纪人类最为关注的一个话题。这在以"自然的睿智"为主题的世博会场馆设计方面都得到了展现。

自然的起源：展示包括最新的空间技术、生命科学的发展、信息技术的应用等。

生活的艺术：展示包括尊崇自然的感觉、与大自然和谐相处的生活方式、源于自然的艺术成果等。

循环型社会：展示包括全球环境的现状和前景预测、气候变化对生命和环境的影响、资源和能源的循环利用和保护。

（2）场地规划

爱知世博会的国际共同展区是按亚洲、南北美洲、地中海沿岸国、欧洲、非洲、东南亚及大洋洲等地区划分为 6 个展区。在这里，你可亲身体验用不同的文化阐释的"自然的睿智"以及"宇宙、生命和信息"、"人生的'手艺'和智慧"、"循环型社会"这三个副主题（图 7-1）。

**全球共同展区**

由正式参展国家和国际组织负责的六个"全球共同展区"贯穿整个展览会。

**全球环路**

它是一条便利、无障碍的空中回廊，连接着各个全球共同展区。参观者能非常轻松地在这条全长 2.6km 的空中回廊上漫步观览，大约只要花费一小时，就能享受一次模拟的环球旅行。

**中心展区**

此展区包括有"全球之家"，它是 2005 年世博会的标志性展示馆；还有一个"爱·地球广场"，它是一个让人们通过丰富多彩的交往和沟通，来实现国际大交流的舞台。

图7-1 爱之世博会园区总体规划

**全球之家**

**爱·地球广场**

日本区，由主办国日本政府馆、爱知县馆、中部千年共生村和名古屋市馆组成。

民间出展区，日本的各大国际性企业将分别在九个大展厅举行富有各自特色的展示。

娱乐和文化，在"地球市民村"汇集着活跃在国际舞台上的 NPO（非营利民间法人组织）和 NGO（非政府组织）成员，他们在这里共同为人们提供更多的机会，去发现 21 世纪人类生活的技巧和智慧。

**地球市民村**

**会议厅**

濑户会场，濑户会场处于象征着人们和大自然和睦相处的一片绿树茂盛的地带。它向人们展示着里山风俗文化，它所表现的是里山人民以日本的传统方式与大自然和睦相处的一段历史。濑户会场是一个提供人们接触大自然并相互影响的场所，它由下面三个展区组成：

"海上广场、市民参加区"，这是全世界的市民和团体面对地球社会的新课题、团结一致共同挑战的真正舞台。此展区设置有"市民参加区"和"海上广场"。

"政府出展区设施、爱知县馆"，此展区包括有设在濑户会场的日本政府馆和爱知县馆。两展馆将向人们共同展示面对 21 世纪所存在问题的解决思路和方法。

"里山漫步区"，通过漫步让人们能亲身体验里山的大自然生活和了解里山的历史。

（3）设计理念

为了诠释展示主题，从使用材料上看，从餐具、垃圾袋到服装、建筑材料，都尽可能采用可降解或可再生、无污染的材料。

从能源消耗方面看，更突出了在不破坏环境的前提下获取能源的未来循环型社会的能源利用模式。

在交通设施上，利用尖端 IT 技术建造的智能多模式交通系统（IMTS）、连接长久手町和濑户会场的缆车、不会排放二氧化碳和有害物质的燃料电池混合动力公共汽车（FCHV-BUS）等也充分显示了未来交通的环保、先进、便利和人性化的特点。

### 2.设计部分

（1）标志设计

图7-2　爱知世博会标志

图7-3　爱知世博会吉祥物

标志希望达到引发人们对自然和社会的关注、关心、思考、深思的目的，还要告诉人们"我们如何创造一个新的地球"。通过标志，能让人们发出一种感叹，即"让我们仔细看看，是否这个社会正存在问题啊！"（图7-2）。

（2）吉祥物设计

森林爷爷和森林小子，轻松诙谐可爱的吉祥物传达了"自然的睿智"这样的主题（图7-3）。

（3）吉祥物的延展应用

吉祥物作为传达此届世博会的主要形象被广泛应用到了门票、园区主题景观、大量环境细节以及礼品当中去，吉祥物无处不在，自然就无处不在，为了传达塑造这样的世博主题，吉祥物的应用范围和方式需要更多不断地创新（图7-4）。

（4）参观地图

园区地图是世博主题形象设计中除门票外与普通观众接触最多的实物之一，地图形式的设计同样体现出了自然有机的基本理念，园区地图被设计成非常有机的点面造型，生态可持续的视觉印象自然而生，特别是园区全球环路的概念在地图绘制中被清晰放大，在导向方面发挥了十分有效的实际功能（图7-5）。

图7-4　爱知世博会吉祥物延展应用

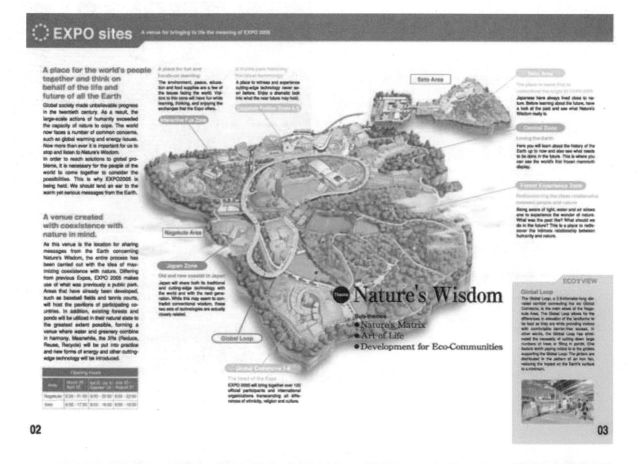

图7-5 爱知世博会参观地图

（5）园区指示系统设计

自然、绿色、生态、环保与可持续等相关理念在标识系统中被充分表达出来，由于世博会是一种临时性展览，为了最大程度上降低对资源的浪费，标识系统采用了可再生的材质类型，而尽可能地避免使用硬质而坚固的材料，当然绿色是最恰当合理的色彩体系（图7-6）。

（6）全球环路设计

全球环路的设计在功能上将园区各个片区联系起来，除了交通合理性方面的考量之外，更是在名称上诠释了世界博览会的主题，"全球"环路，即有纵览全球的意思（图7-7）。

图7-6　爱知世博会园区导向系统

图7-7　爱知世博会全球环路设计

（7）日本馆

每届世博会的东道主馆都是整个博览会的主角，举办国对世博主题的理解和表达是世博活动的重中之重（除主题馆外）。本届世博会日本馆形似一个巨大的鸟巢，采用藤、竹、木、泥土等纯天然材料建成。展示内容包括日本发展简史图片展，本馆建筑由近三万株竹子覆盖，分上下两层。主题是"日本的经验：从 20 世纪的繁荣到 21 世纪的繁荣，将重新连接开始疏远的人类和自然"（图 7-8）。

（8）其他设计

除了主题馆、东道主馆以及其他各国家馆对世博主题内容的诠释外，园区内还出现了许多诠释可持续发展理念的其他设计，这些公共环境的设计同样表达了本届世博可持续发展的主题，如以矿泉水瓶和风车装置完成的公共景观即是这种设计的具体体现（图 7-9）。

图7-8　爱知世博会日本馆

图7-9　利用矿泉水瓶和风车设计的公共景观环境

主题理念无处不在，便捷的多种交通方式也在诠释着可持续发展的基本理念，缆车、有轨电车、无轨电车及人力助力电车等都传达出了可持续发展的基本理念（图7-10）。

图7-10　园区内各种绿色的交通方式

**3.问题思考**

谈谈爱知世博会的主题是如何通过具体设计体现出来的。

### 7.1.2　上海世博会策划与设计

**1.策划部分**

（1）总述

1）主题与副主题

上海世博会的主题是"城市，让生活更美好"，五个副主题分别是"城市多元文化的融合"、"城市经济的繁荣"、"城市科技的创新"、"城市社区的重塑"、"城市和乡村的互动"。2005年12月1日，国际展览局第138次大会通过了《中国2010年上海世博会注册报告》，报告的第三章《上海世博会主题深化与园区内活动分类和介绍》对上海世博会主题和副主题作了详细阐述。

2）主题演绎的核心思想

在"城市，让生活更美好"（Better City, Better Life）的主题下，上海世博会的组织方旨在通过展览、主题活动和主题论坛回答以下三个主要问题，即：

什么样的城市让生活更美好？

什么样的生活观念和实践让城市更美好？

什么样的城市发展模式让地球家园更美好？

3）主题演绎的主要目标

上海世博会是历史上首届以"城市"为主题的综合类世博会，组织者希望通过主题演绎工作达到如下目标：

①提高公众对"城市时代"中各种挑战的忧患意识，并提供可能的解决方案。

②促进对城市遗产的保护，使人们更加关注健康的城市发展。

③推广可持续的城市发展理念、成功实践和创新技术，寻求发展中国家可持续的城市发展模式。

④促进人类社会的交流融合和理解。

（2）主题内容结构

展示轴线在尺度上分为三个层次，即由小到大分别讲述城市人、城市和地球。

1）城市人

在这个尺度上，关注的是城市内外的人。人是城市的细胞，也是城市的微缩。随着城市化进程的加速，城市对人的影响越来越大。人类日益向"城市人"演变。

2）城市

这个尺度关注城市本身。城市内部结构复杂，各部分密切关联、协同运行，具备有机生物体一般的特性与规律。

3）地球

随着地球总人口数中城市人口的比例不断增加，城市之间、城市和生态体系之间的相互作用日益密切。

在时间轴上，既关注历史上的经验和智慧，也展望未来的美好城市、美好生活。具体包括梦想、城市人、城市、城市星球、足迹五个部分。

（3）概念阐述

1）城市人

**关键语：**

人是城市的细胞，又是城市的灵魂——人赋予城市文化、性格和创新力。随着越来越多的人成为"城市人"，城市人口数量与日俱增，类型也更具多样性。同时，城市之外的人们的生活也不可避免地受到城市化进程的影响。城市要成为提高人类生存质量的原动力，也应该成为人类创新和创造的温床。

**关联内容：**

——丰富多彩的城市文化和城市的"社会资本"（传统／流行、本土／外来、消费文化、创意产业，数字时代的交流和沟通等）；

——城市社区（城市"社会地图"、低收入阶层和不同种族群体、贫困群体、家庭结构的变化、妇女和儿童等）；

——城市居民对服务和公共设施的需求；

——职业结构和类型的演变；

——城市社会及其人口的年龄结构；

——移民（跨国界移民、城乡移民、多元文化融合、就业和社会流动性等），城市的流动人口（外来务工人员、生活和工作分割在不同城市的人）。

**挑战：**

——人的基本需求和权力；

——对多样化的尊重；

——平等的机会；

——鼓励人的创造和创新。

2）城市

**关键语：**

城市由人类最初的聚居地演化而来，当今城市已成为一个复杂的有机系统。城市之间既有共性，也有各自的独特性。城市是否宜居和具备长久活力，取决于人对城市系统特性和发展规律的了解，以及在日常生活、城市建设、开发和管理中的合理行为。

**关联内容：**

——城市与其腹地的关系（城市的资源需求、废弃物处理、生态调节、城乡交流、休闲娱乐等）；

——城市的空间布局及其演变；

——城市基础设施（管线、出入通道、交通、文化基础设施等）；

——城市公共空间（以人为本、推动人与人的交流）；

——城市管理（城市与国家的关系、城市规划、税收和财政体系、土地所有权、"城市病"治理、高效和廉洁的政府、城市安全）；

——城市产业结构和发展潜力（商品流、资金流、信息流、人力资本和创新潜力等）。

**挑战：**

——理性、宜居的城市布局和人居模式；

——资源良性循环；

——公众参与城市管理；

——创新和可持续发展潜力。

3）城市星球

**关键语：**

当前，世界各地城市的"生态足迹"已经覆盖了整个地球，城市对全球生态和资源系统产生了巨大影响，地球和城市的未来必将相互依存。人居和地球自然环境之间必须建立健康的互动，才能为我们的后代保持一个宜居的家园。

**关联内容：**

——全球人口增长的前景；

——城市对全球环境系统的影响（对环境影

响最小的城市发展模式和案例 );

—— 城市在全球化中扮演的角色（城市网络，城市是全球化中的重要枢纽，城市间的竞争与合作等 )。

**挑战：**

—— 缩减城市的"生态印迹"；

—— 各国在可持续发展领域的交流和协作；

—— 市民社会和国际组织的作用。

4）足迹

**关键语：**

城市发展史是一个充满激情和变数的过程。城市是人类文明的结晶，是不断进化的有机体，在人类历史上留下了许多足迹。这些足迹，不管印证的是失败还是成功，都将为人类未来的城市发展提供借鉴和引导。

**关联内容：**

—— 全球文明的交流和融合；

—— 历史上人居与自然环境的关系；

—— 城市的诞生和灭亡（由于种种原因而消失的城市、延续至今的城市 )；

—— 遗留在空间上的城市文明的不同形态（结构布局、建筑物、纪念碑等 )；

—— 城乡非物质文化遗产。

**挑战：**

—— 协调遗产保护和经济社会发展之间的矛盾；

—— 汲取前人智慧用于可持续发展；

—— 我们为未来的城市留下的遗产。

5）梦想

**关键语：**

在人类历史长河中，人们从未停止对于"理想城市"的追求。"城市时代"即将来临，寻找可持续的城市形态和理想的城市发展模式迫在眉睫。正是在这样的背景下，诞生了上海世博会的主题"城市，让生活更美好"。

**关联内容：**

—— 人类在古代及当代对于"理想城市"的种种设想和试验；

—— "和谐城市"的创建；

—— 诞生自梦想的创新、新科技及其对城市发展的推动；

—— 可持续发展的理念、实践和成功范例（《21世纪议程》、生态城市、紧密型城市、3R 等 )。

**挑战：**

—— 协调"理想模式"和现实之间的矛盾；

—— 正确的思维是可持续发展的前提；

—— 科技是一把双刃剑。

（4）主题呈现方案

1）主题馆

上海世博会园区内将设 5 个主题馆。其中三个左右为邻，形成主题馆群，坐落于浦东的中心位置，分别深入解读和表现"城市人"、"城市"和"城市星球"三个概念领域。

另外两个主题馆坐落于浦西，分别展现"足迹"和"梦想"。"足迹"主题馆即城市文明艺术馆，它将通过建筑、雕塑及绘画艺术品揭示世界城市发展的历程。与城市文明艺术馆紧密联系的是世博会博物馆，它将通过实物和虚拟现实技术结合的手段让游客亲历 1851 年以来世博会丰富多彩的历史。

"梦想"主题馆将使用改建后的老工业建筑，展示人们对于未来城市的美好设想，引发人们对于"何为未来"的思考。

2）主题区

在上述主题馆（群）周围分别有三个主题区。

其中，浦东主题馆群中间主题区将以主题地标、雕塑和影像的形式反映出"城市人—城市—城市星球"框架中的理念。

"梦想"主题馆周围的主题区即是"城市最佳实践区"。受邀参展方将从"宜居家园"、"可持续的城市化"、"历史遗产的保护和利用"以及"建成环境的科技创新"四个方面展示城市建设和发展的最佳案例。参观者会在这里看到基于城市最佳实践案例建设的一个城市街区，以及若干由老工业建筑改建的展馆，展示来自各国城市的经验和案例。

另外一个主题区联系着世博会博物馆和城市文明艺术馆。它将会通过户外设施和影像来凸显"足迹"这一概念。

3）主题广场

在浦东主题馆中的主题广场面积为 45000m²。作为世博园区的主要公共区域，这个主题广场利用屏幕、舞台等各种设施，为游客提供一个放松、互动和体验主题的场所。

沿着高架步道，布置"亚洲广场"、"非洲广场"、"美洲广场"、"欧洲广场"、"大洋洲广场"等各大洲的系列文化广场。每个广场都与它们各自大洲的展馆邻近，利用主题构筑物、雕塑以及相关的文化活动体现出丰富的主题元素。

4）主题设施

上海世博会还在世博园区内通过各种各样的设施体现世博会的主题和核心思想，如生态净水设施、雨水收集和再利用设施、太阳能设施、风能发电设施、地热水暖设施、污水处理设施、氢能汽车等。这些设施不仅保障整个世博会的高效运行，同时也是主题展示的重要组成部分。

5）主题游线

主题游线包括主题轴、高架步道和主题步行道等，它们从空间布局上将各主题区、主题广场和主题设施连接成为一个整体网络。主题游线将采用特殊的标识、地标、街景、艺术作品、装置、互动设施等诠释并传达世博会的主题内容，使参观者在园区内能随时接收到主题信息。因此，主题游线也是主题展示体系不可分割的一部分。

6）主题论坛

论坛是探讨世博会主题、酝酿世博会精神遗产的最直接的手段之一。2010 年上海世博会期间的论坛将探讨城市可持续发展方面的具有代表性的探索、实践和创新；交流发展中国家关于城市化进程、农村地区的教育、卫生等问题的实践经验；预测城市未来发展面临的挑战并提供可能的解决方案。

论坛分为高端论坛、主题论坛和大众论坛。

其中，高端论坛主要从宏观角度讨论未来城市的发展方向和理念，以及城市宜居、全球化和可持续发展等的相互关系。主题论坛将探讨有关城市的专业话题。而大众论坛则为大众表达想法、交流日常话题和生活智慧提供了平台，将会以多种方式吸引市民参与，以此调动大众参与的积极性。

7）主题活动

2010 年上海世博会期间的活动分为主题活动和日常文娱活动，承担三大功能，即演绎主题、渲染气氛和分流人群。主题活动包括由主办方组织的开闭幕式、中国馆日和其他重点活动。日常文娱活动包括园区内综艺演出、互动体验、展览展示、媒体演播、民俗民族、文化巡游、竞技和美食等八大类活动。

2. 设计部分

（1）标志

图7-11 2010年上海世博会标志设计

设计说明

会徽中三人合臂相拥的图形，形似美满幸福、相携同乐的三口之家；也可抽象概括为"你、我、他"的全人类，表达了世博会"理解、沟通、欢聚、合作"的理念，洋溢着崇尚和谐、聚合的中华民族精神，体现了 2010 年上海世博会以人为本的积极追求。

会徽图案形似汉字"世"，并与数字"2010"巧妙组合，相得益彰，表达了中国人民举办一届属于世界的、多元文化融合的博览盛会的强烈愿望。

会徽以绿色为主色调，富有生命活力，增添了向上、升腾、明快的动感和意蕴，抒发了中国人民面向未来，追求可持续发展的创造激情。

汉字书法的"世"字与2008年北京奥运会会徽——篆刻的"京"字交相辉映，有异曲同工之妙，寓意着21世纪初两项超大型国际活动在中国举办，倾诉着中国人民在融入世界的同时，弘扬传统文化的不懈努力（图7-11）。

标志设计表达的内容：中国、世界、人类、美好、未来。

2010年世博会主题：城市，让生活更美好。

（2）吉祥物

设计说明：以汉字的"人"作为核心创意，既反映了中国文化的特色，又呼应了上海世博会会徽的设计理念。在国际大型活动吉祥物设计中率先使用文字作为吉祥物设计的创意，是一次创新（图7-12）。

图7-12　2010年上海世博会吉祥物设计

"人"字互相支撑的结构也揭示了美好生活要靠你我共创的理念。只有全世界的"人"相互支撑，人与自然、人与社会、人与人之间和谐相处，这样的城市才会让生活更加美好。

名字由来：中国2010年上海世博会吉祥物的名字叫"海宝（HAIBAO）"，意即"四海之宝"。"海宝"的名字朗朗上口，也和身体的色彩呼应，符合中国民俗的吉祥称谓原则。"海宝"的名字与吉祥物的形象密不可分，寓意吉祥。海宝是中国2010年上海世博会的形象大使，用热情的双臂、自信的微笑欢迎来自全球各地的朋友们。

（3）志愿者标志

中国2010年上海世博会志愿者标志的主体既是汉字"心"、也是英文字母"V"、又是嘴衔橄榄枝飞翔的和平鸽。与世博会会徽"世"异曲同工，在呈现中国文化个性的同时，表达了志愿者的用"心"和热"心"；"V"是英文"Volunteer"的首字母，阐述了标志所代表的群体，赋予其清晰的含义；飞翔的和平鸽代表上海，也象征和平友爱，橄榄枝则寓意可持续发展和希望，传承"城市，让生活更美好"的世博会主题。彩虹般的色彩，迎风飘舞的彩带，是上海热情的召唤。2010年，在志愿者的协助下，来自世界各地的人们融洽地聚集在同一片天空下（图7-13）。

EXPO 2010 Volunteer

图7-13　世博志愿者标志设计及应用

（4）志愿者服装

"小白菜"是对世博志愿者的亲切昵称，生机盎然的绿色代表了志愿者的热情和活力，而小白菜的比喻则表达出了志愿者带给人们可爱、活泼的印象特征（图7-14）。

（5）门票设计

世博会门票以不同的颜色和版式来区分票种，主要运用了黄、蓝、红、紫、绿等五种颜色，分别代表了平日票、指定日票、多次票、夜票和团队票；横版和竖版则分别代表优惠票和普通票，使购买者一目了然。同时，门票采用了环保纸质材料，并采用了具有自主知识产权的芯片防伪技术。门票票面设计功能性强、完整传达信息、简洁明快、美观大方且辨识度高（图7-15）。

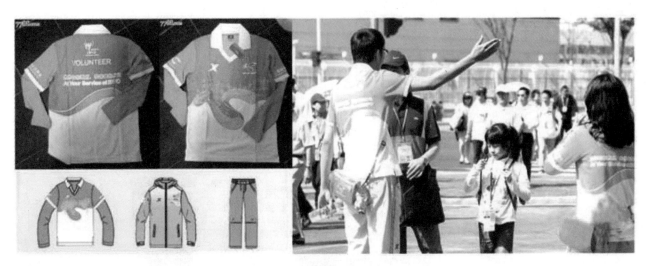

图7-14　世博志愿者服装

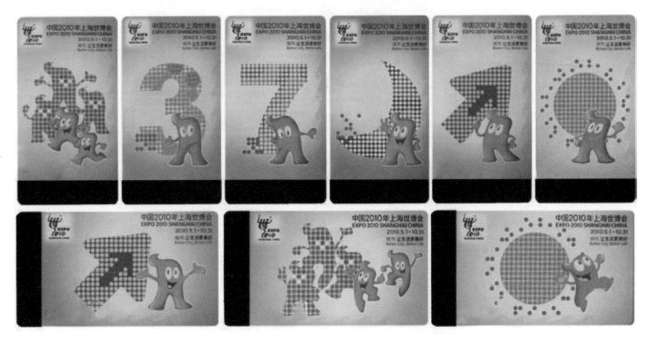

图7-15　世博门票设计

（6）其他周边用品

护照的设计解决了"博览世界"的问题，在大型的园区中通过对不同国家展馆的参观，形成虚拟博览世界的概念，这是整体策划中的一个良好的创意（图7-16）。护照的设计在世博期间得到了大量参观者的追捧，排队盖章成为了展馆参观活动的常见景象，对一般参观者而言，带有各馆盖章的"护照"本身会给自己的参观之旅留下纪念，而各馆图章的设计也具有一定的审美价值。

参观地图的设计既要体现基本的交通导向功能，又要宏观描述整个世博会的盛况，对活动气氛也有一定的渲染作用，手绘3D地图让参观者对整个园区及展览一目了然，同时又能给人以轻松愉悦的感觉（图7-17）。

3.问题思考

用最简单的语言描述2010年上海世博会的主题。结合相关设计，思考上海世博会主题与视觉形象设计之间的关系。

图7-16 2010世博会虚拟护照设计

图7-17 2010年上海世博会地图设计

## 7.2 商业展会主办方主题策划与设计分析

### 2014墨西哥包装工业博览会

**1.展会概况**

时间：2014 年 6 月 17～20 日

地点：伊达尔戈州

2014 年墨西哥伊达尔戈州包装工业博览会是以包装解决方案为核心内容的商业博览会，涉及包装机械、包装材料、包装容器、包装生产线等诸多内容。

来自 30 多个国家的 29000 多人参加了此次展会，是拉丁美洲包装生产工业的重要窗口。展馆面积 18000m²，20 多个国家的共 1000 多个公司参加了此次展会。同期还举行各类评奖及相关会议，如可持续包装奖、包装工业大会等。

伊达尔戈州概况：

伊达尔戈州位于墨西哥中南部，坐落于墨西哥高原，南与墨西哥首都墨西哥城接壤。辖区内有 84 个市，人口为 2235591，面积为 20905km²，约占全国面积的 1.1%。首府帕丘卡是墨西哥的矿产中心之一。伊达尔戈州靠近墨西哥政治和经济中心墨西哥城，地理位置优越，基础设施完备，拥有多条高速公路，是墨西哥城通往墨西哥北部的必经之地和物流枢纽。伊州农业和畜牧业发达，拥有丰富的矿产资源，是墨西哥重要农牧产品基地。

伊达尔戈州为古代印第安文化发祥地之一。1869 年设州。伊达尔戈州以墨西哥独立之父——米格尔·伊达尔戈的名字命名。

本方案的概念来源：

古代印第安文化的发源地 + 农业是伊达尔戈州的第一产业

**2.品牌的构思**

设计师：迭戈莱瓦和阿方索塞万

概念是刺绣结合了传统艺术的审美本质与现代元素，通过一个充满活力的色彩组合形成了一股欢乐的气氛，带给人一种完整的品牌体验。

品牌设计回答的基本问题：何时，何地，做什么。作为一个以包装工业为主题的博览会，此方案为何以大量动植物为品牌视觉形象，可以通过品牌设计要回答的 3 个问题进行思考。

首先是解决"何时"与"何地"的问题，即所有的品牌形象的个性特征几乎都与品牌所在地的文化有关，本届墨西哥包装工业博览会地址在墨西哥的"伊达尔戈州"，通过以上对这个州的大致了解，就可以理解形象主题的构思了，那就是要体现伊达尔戈州的传统和产业特色，传统即刺绣的形式语言，形象对象以动植物为主，强烈体现出了本地的产业特征（图 7-18）。

**3.博览会标志设计**

借助早期品牌形象的基本构思，进一步对品牌的核心要素（标志）进行深化设计，得出以下几种形式，本标志系统的特点有如下几点：

（1）时间及地点信息明确——2014 年，伊达尔戈州。

（2）形态语言表达了当地的特色——农业与印第安文化特征。

（3）色彩欢快，浓郁的南美风情。

（4）形态多变，但整体印象依然非常统一。

作为在伊达尔戈州举办的商业博览会，体现当地的文化风情是非常自然的，而作为临时性的商业盛会，欢快热烈的视觉形象也与之非常吻合（图 7-19）。设计作品在表现各种要素的时候应该考虑的信息层级或者重要性是非常关键的，这个过程其实也是一个策划决策的过程。

图7-18 墨西哥包装工业博览会形象设计构思

图7-19 墨西哥包装工业博览会标志设计

图7-20 墨西哥包装工业博览会办公用品设计

**4.办公用品延展设计**

办公用品的设计再次让人感受到了浓郁的印第安风情，自然朴素的再生纸、自由轻松的标志线条与热烈的色彩之间形成了强烈的对比，品牌形象特征在逐步加强（图7-20）。

**5.数码产品终端的应用**

品牌形象在数字终端的应用，要求有强烈的视觉识别性，另外由于数字产品与传统纸质产品的阅读习惯和阅读感受存在差异，需要在数字产品界面设计时充分考虑到交互的易用性。本方案中没有将品牌形象要素做无线的扩大，而是在画面构成比例上，进行了平衡，每块数字产品的交互功能和视觉识别功能都得到了良好的体现（图7-21）。

**6.户外形象延展设计**

户外形象设计延展包含会展活动用到的一切用品和视觉形象包装设计，除了常用的手提袋、T恤衫以及各类参观手册外，还包括大量展会现场的交通导向系统、各类户外广告（灯箱和户外楼梯广告、多媒体LED屏幕等如图7-22所示）。

**7.招展物料的相关设计**

会展品牌形象设计不仅仅指用于形象宣传的相关设计，大量用于和参展商沟通交流的材料也是本系统设计的重要内容，从品牌角度讲，良好的沟通与服务也是品牌形成的重要组成部分，因此如何通过图形化的语言将参展商需要注意的事项表达出来，也是设计要解决的问题

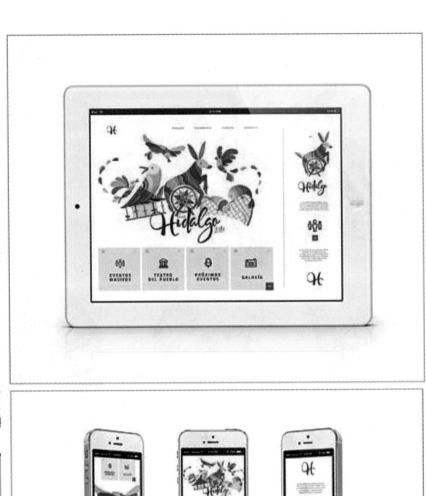

图7-21　墨西哥包装工业博览会数码周边产品终端广告设计

图7-22　各类延展应用设计

一方面能够提高阅读速度，另一方面又能减轻阅读带来的负担（图7-23）。

服务无处不在，图7-24是由组展方提供的一张展馆平面图，其用不同颜色标出了不同的区域。在如此大型的场馆环境中寻找卫生间常常是一个非常具体的问题，本设计将卫生间的标志以很大的比例在总平面图上进行了标注，方便布展及参观者容易地找到卫生设施，是一处非常体贴的设计。

8.问题思考

（1）在品牌形象设计过程中，有哪些重要的考虑因素，其重要程度如何平衡？

（2）会展活动的视觉识别系统与其他企业视觉识别系统的不同之处是什么？

（3）会展品牌设计中还有哪些具体内容需要做形象化的设计？

之一。本例中，对参展商的布展、展期以及撤展时间的形象化表达，与阅读传统的文字相比，

SHOW HOURS
EXPO PACK México 2014.
Homero 418 Piso 7 Col. Chapultepec Morales, 11570, México D.F. MEXICO
Phone (52 55)5545.4254, Fax (52 55)5545-4302, E-mail: operaciones@expopack.com.mx

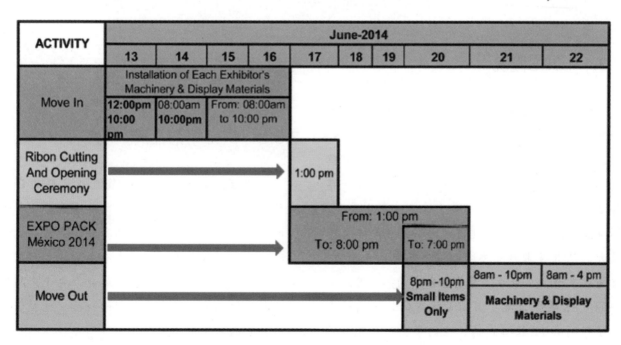

图7-23　墨西哥包装工业博览会日程管理文件

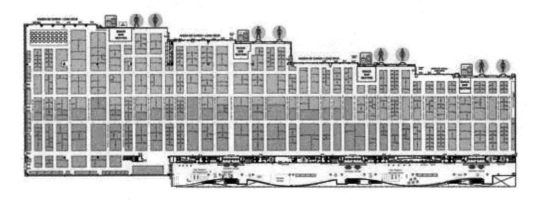

图7-24 展会平面中服务设施信息的贴心设计

## 7.3 商业展会参展方策划与设计分析

### 7.3.1 CES概况

CES 消费电子展是在美国拉斯维加斯举办的国际消费类电子产品展览会，通常简称CES。CES 展由美国电子消费品制造商协会（简称CEA）主办，创始于 1967 年，每年一月在世界著名赌城——拉斯维加斯举办，是世界上最大、影响最为广泛的消费类电子技术年展，也是全球最大的消费技术产业盛会。该展览会专业性强，贸易效果好，在世界上享有相当高的知名度。历年的 CES 展会云集了当前最优秀的传统消费类电子厂商和 IT 核心厂商，他们带去了最先进的技术理念和产品，吸引了众多的高新技术设备爱

好者、使用者及业界观众（图 7-25）。

### 7.3.2 CES中的品牌"秀"

品牌巨头参加展会与一般企业参展的目的有所不同，除了获取订单，参加此类大型展会的目的还在于发布其最新的产品和展示独具魅力的品牌形象。通过以下品牌的发布会设计，可以了解品牌自身独有的性格特征。展会上电子产品品牌云集，他们不但带来了最新的科技，也展示着各自品牌的独特魅力。

图7-25　CES展会概况

### 7.3.3　SONY（索尼）

# SONY

品牌理念：为了下一代。

对于索尼来说，"为了下一代（For the Next Generation）"的具体含义是指，对于整个社会来说，最重要的是下一代的健康成长，因此需要让社会有一个健康的环境，索尼所有的社会公益活动其实都是围绕着这个基本理念展开的。2015年 CES 大会，索尼在新品发布会上依然再现了其"大牌"风范，简约、朴素、高端和品质的总体特征是其一贯风格（图 7-26）。

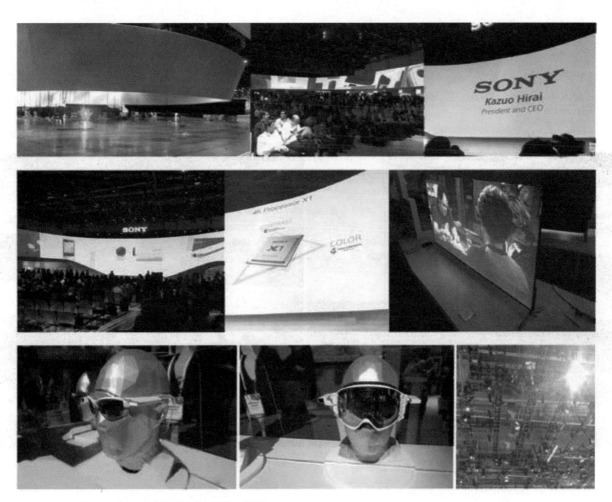

图7-26　索尼2015年CES大会的新品发布会现场

### 7.3.4 SAMSUNG（三星）

三星的新品发布会规格和会场设计，充分展示出了其在电子产品制造领域的品牌优势，其他品质、技术及规模优势也一览无余（图7-27）。

### 7.3.5 SHARP（夏普）

2010年，夏普提出了"Eco-Positive企业"的企业蓝图，并设定了两大事业蓝图:其一是"通过以节能·创能商品为核心的环境·健康事业为世界做贡献"，其二是"通过独一无二的液晶显示器为无处不在的电子产品制造业做贡献"。

此次展会，夏普以红色为主色调，突出了夏普一直以来的品牌色彩形象，但企业提出的新理念"Eco-Positive"在色彩计划上略有矛盾，特别是在具有环保特点的新品展示上，大面积地使用了生态主题的绿色。由此可见，品牌识别体系与产品之间的设计必须综合平衡，既要反映品牌形象又要兼顾具体产品（图7-28）。

### 7.3.6 海信（Hisense）

"海信"源于"海纳百川"、"信诚无限"两个词语，海信英文商标"Hisense"是由"High"与"Sense"组合而成,代表了"高品位"、"高享受"和"高科技"的含义。

此次展会上，海信通过透明电视、三屏互联的技术为观众带来了强烈的视觉震撼，吸引了众多参观者的眼球。对于技术创新为核心的海信而言，这种超高级的视觉享受正是海信想要传达的东西，通过这种展示，强烈突出了海信在技术研发上的优势（图7-29）。

图7-27 三星CES大会上的产品发布会现场

### 7.3.7 海尔（Haier）

# Haier

海尔文化的核心是创新，它是在海尔二十年发展历程中产生和逐渐形成的特色文化。

创新和服务是海尔留给中国消费者的重要印象，在国际展会上，如何将两者充分地展示出来是其面临的重要问题（图7-30）。

图7-28 CES展会中的夏普

图7-29 海信在CES展会中的展示设计

图7-30 CES展会中的海尔

来源：http://www.CESWeb.org
http://ces.pchome.net
http://www.Zol.com.cn

### 7.3.8 问题思考

通过对以上各品牌在 CES 中的发布会和展会现场进行比较，分析品牌特征在展示中的表现以及设计表现品牌的关键点。

## 7.4 会议与论坛的策划与设计执行

### 7.4.1 亚太智能交通论坛会议策划及执行方案

#### 1.策划部分

（1）论坛活动组成

整个论坛活动的全部内容将由以下活动组成：开幕式；闭幕式；晚宴致辞；行政会议；技术与科学会议；青年学会会议；展览。

（2）工作推进时间表及工作内容

1）筹委会各阶段筹备会议时间及主要内容

第一次会议（2014 年 1 月）：讨论确定会议时间、地点、主题、组委会组织架构、工作职责、学术委员会名单及各部门工作计划。

第二次会议（2014 年 3 月中旬）：商讨奥克兰论坛参与内容和分工安排。

第三次会议（2014 年 9 月）：讨论工作进展，部署下阶段工作。

第四次会议（2015 年 2 月）：具体商讨论坛召开各项工作，进一步协调落实相关内容。

第五次会议（2015 年 4 月）：论坛动员大会及论坛期间工作安排。

2）报备工作

3）会议通知、论文通知、招商通知

由论坛组委会出具，由×× 交通规划设计院负责，×× 交通运输厅协调。

4）议程工作

收集、确认行政论坛、技术科学论坛、青年学术论坛主题，确定开幕式、全体会议、闭幕式、各分会场嘉宾及流程。

5）论文策划

所有被接收论文均将收录在大会论文集中，选取优秀论文结合作者意愿作报告。报告数量原则上每个分会场 8 个报告，从参会并作报告的论文中择优选取部分推荐至相关核心期刊发表。

6）会议宣传、论文征集的途径

结合新西兰会议开展宣传，考虑在会场发放 2015 年会议宣传手册，其中包括论文征集说明。

①利用重要网站、学术期刊发放会议和论文征集通知。

②给国内相关高校、专家学者发放会议和论文征集通知。

③应广泛纳入国内外相关领域知名专家学者，并联系诸如 COTA 等国际华人学术组织，帮助开展会议宣传工作。

论文审稿，由学术委员会推荐产生，会议论文集主编（Chief Editor）和各方向主编（Area Editor）组织完成。

7）赞助策划

本届大会的赞助形式定为 3 类：

①会议赞助

会议赞助是指将赞助商根据赞助经费不同，冠以不同的名称，并相应享受会议提供的待遇。赞助冠名分为：钻石、黄金、白银、青铜、友情等五个级别。

②冠名赞助

冠名赞助是指被冠有公司标志的大会指定活动。主要包括：VIP 晚宴、大会晚宴、发言人准备间、宣传片、大会午餐、会议室等。

③其他单项赞助

赞助商赞助标有公司标志和标识的大会用品，包括：大会光盘、注册包、专用笔、档案袋、胸牌挂绳、工作人员服装、VIP 专用车辆、通勤车辆、工作专用车、门禁卡等。

8）展览策划

ITS 行业的组织、团体、企业、研究机构等将在展会上展示最新 ITS 技术、商品、系统、服务等，促进交流，能使人们了解 ITS 领域内最新动态。同时，展会不仅对 ITS 专业人士开放，而且对普通民众开放，普及 ITS 知识。

展览时间：

2015 年 4 月 27 ～ 29 日，历时三天。

展览场地：

展览内容：

①展览应突出本届大会的主题，展现智能交通的安全性、便捷性、环保性，以及智能交通对创造和谐美好社会的作用。

②展览应展现 ITS 领域发展的最新技术、最新产品、最新服务、最新系统等。

③体验性的展览，使参观者现场体会 ITS 为交通带来的便捷性、安全性和可靠性。

④根据情况可在室外设置一些展示项目。

9）宣传策划

本届宣传主要有国内宣传、国外宣传两大部分。

国外宣传：

①在 2014 年 4 月的新西兰第十三届论坛上发放官方宣传材料，对第十四届论坛进行宣传。

②在亚太智能交通学会的网站建立链接，宣传第十四届论坛。

③通过 COTA 等国际组织的官网链接第十四届论坛。

④在其他一些相关国际学术、技术交流活动中宣传本届论坛。

国内宣传：

①通过交通、科技、经济、IT、ITS 领域的行业专业报纸、刊物、网站进行宣传。

②通过参加交通、IT、ITS 领域的学术会议、展览等进行宣传。

③通过高校、研究机构进行宣传。

④通过微博、微信、APP 等新媒体进行宣传。

⑤论坛召开期间，与一些有影响力的网站合作开辟论坛报道专栏。

⑥在论坛官网随时报道论坛筹办进展及媒体报道内容。

⑦在各相关网站发布大会筹备重要时间节点新闻。

⑧在官网发布相关新闻信息。

10）国际组织关系协调

亚太智能交通论坛是国际性会议，会议的部分组织工作需要依照国际惯例，所以 2015 年亚太智能交通论坛需要同亚太智能交通协会保持及时的沟通。

①日常联络

主动、积极建立同 ITS AP、ITS Janpan 的日常联络，通过简报形式向三大组织发布大会组织筹备最新情况，以便 ITS AP 及时向所属会员发布第十四届亚太智能交通论坛的最新信息。

②协调

为了推动大会筹备工作，应就下列方面同 ITS AP 进行协调并紧密合作：

大会论文征集、评审和会议组织；

各地区 VIP 人员的邀请；

各地区预计注册人员的数量。

11）论坛网站的建立

在论坛召开前，论坛论文征集、提前注册、酒店预定、论坛程序的公布等都需通过官方网站进行。

①网站建设

网站应介绍所有论坛相关信息，具备会议注册、住宿预定、展览注册、赞助注册、论文提交等功能。

②网站维护

需设立专门人员对网站进行管理和维护，对网站内容进行及时更新，以保证论文征集和论坛注册的正常运行。

③手机 APP 的建立

主要针对参会、参展人员进行网上注册、缴费、预订酒店、现场导航、议程服务等，开发双语版。

12）财务制度

设立论坛独立账户，制定财务管理制度，进行预算管理。

13）后勤保障工作

①住宿

论坛可以指定一家展场附近的高档酒店为大会总部酒店，并谈好协议价。建议选择离会议地点比较近的酒店，最好步行 10 分钟以内可以到达论坛举办地。同时，也选择一些展场附近、交通便利的酒店为大会指定酒店，以适应参会者不同层次的需求。

对于国内外 VIP 嘉宾采取不同的接待安排措施，同时在酒店安排论坛现场注册。

②交通疏导、通勤车辆

按照惯例，论坛主办国应为参会者提供从展场到大会总部酒店的通勤车辆。同时，应对展场周围的交通进行疏导，保证车辆通行的顺畅。

③旅游

按国际惯例邀请旅游公司驻酒店为参会者、陪同或家属制定旅游路线，安排旅游观光，费用自理。

④安全保障和应急措施

论坛召开期间，为了防止意外情况的发生，将在展场及周围、各种活动地点采取适当的安全警备和应急措施。

⑤国内及本市市民乘车、停车

论坛期间可提前预留停车场，方便国内、本市市民的停车。

14）技术考察

①青奥交通指挥调度中心。

②高速公路指挥中心。

可选：

①船联网江苏主控中心（待定）。

②综合枢纽及监控中心（待定）。

15）会务费用

按照历史会议召开情况，参加人员都需要注册，缴纳注册费用。基准费用为人民币×××元左右。提前网络注册或组团提供优惠价格。公众开放日、青年学生等可以免费参加。

（3）策划案总结

从以上会议策划方案的具体内容看，会议品牌形象的策划与设计在会议活动中并不是主体，会议策划执行的重点更多在于组织与管理。即便如此，会议品牌形象的设计仍然会对整个会议品质起到非常重要的作用，特别是会务用到的相关物料及会场环境的设计，这在一定程度上甚至能够体现一个会议的质量。另外，会议期间的其他各类活动也会涉及大量形象设计的具体内容，比如开幕式、发布会、学术论坛、文艺表演等都需要做出统一的设计。在本案中有关形象的设计，无论哪些具体的设计内容，其根本必须围绕会议的主题（即"智能"、"交通"与"南京"）展开，这是此次会议整体形象的外在反映（具体详见设计部分）。

**2.设计部分（概念设计）**

以下设计内容是在对论坛内容初步理解的基础上，根据主题内容必达的需要而进行的概念设计，非最终会议举办的形象设计。

（1）LOGO 设计

标志设计说明（图 7-31）：

图7-31　论坛标志设计

1）亚太地区的图形直接表达了此次会议涉及的范围，同时体现了会议的国际化特征。

2）南京长江大桥指明了会议举办地"南京"，是南京的传统的标志性建筑物。

3）会议名称和图形的组合设计充分传达出了此次会议的基本内容信息。

（2）物料及其他延展设计

延展及物料设计，深蓝的主色调寓意了此次会议"智能交通"的基本主题，根据不同的用途辅以不同的颜色进行了应用部分的设计，在总体形象控制下充分考虑到了功能的需要（图 7-32）。

（3）户外广告设计

户外广告的设计同样延续了"智能"与"交通"的基本主题，其依靠的基本元素是品牌前期规定的深蓝以及其对比色"黄色"。交叉的底纹寓意相互交织的交通，深蓝则寓意着智慧（图7-33）。

（4）各类会场背景板设计

各类活动背景板的设计除了延续活动的基本主题"智能"与"交通"外，还充分考虑到了活动自身的基本内容，如新闻发布、文艺晚会以及学术论坛等（图 7-34）。

案例来源：南京思德会展。

图7-32 会议物料设计

图7-33 部分户外广告设计

图7-34 各类会议背景板设计

## 7.4.2　巴塞罗那设计周

**1.概况介绍**

　　由巴塞罗那设计中心组织的巴塞罗那设计周是国际设计界的一场盛宴，致力于产业链中的产品设计与设计管理模式的创新，利用设计的力量为商业行为提供合理的解决方法。自从2006年，这个分享经验与知识的平台成立以来，每年都吸引了众多企业与国际知名设计师前来讲座。巴塞罗那设计周已经分享了超过160个知名案例，吸引了八千多人前来参与、学习、分享和讨论各种当下存在于设计与创新领域里的标志性事件，比如设计管理、用户体验、设计协同、设计与社会创新、生态设计等。

**2.设计部分**

**（1）基础设计**

　　以下部分为设计周的形象设计，其中蕴含着强烈的"设计感"。

　　基础设计集中在标志、标志字体和色彩方面。标志以一个箭头为基本元素，与"设计周"的主题形成了一致，具有强烈的指向性，简单明确地告知参观者"设计就在这里"。不同方向的箭头标志符号不断地强化出设计周的举办地（图7-35）。

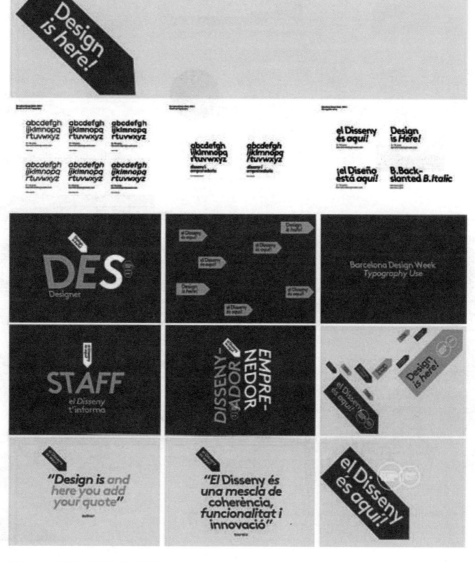

图7-35　设计周形象基础设计

（2）宣传材料设计

色彩体系和箭头元素在品牌延展设计中不断地得到应用，前期制定的推广语也在宣传推广材料中反复应用，策划内容与设计的手法组合应用，强化了品牌的识别性（图 7-36）。

图7-36　设计周相关宣传材料设计与陈列效果

（3）室内外环境设计

在各类室内外环境中，品牌形象被广泛地延展开来，在解决功能的同时很好地渲染了设计周的整体环境气氛。对活动而言，内部的形象推广无处不在，更多新的展示形式需要不断地进行创新，当然所有的形式必须紧紧围绕前期制定的核心主题。

其他室外环境及会场现场环境的设计同样将基础元素做无限的延展，视觉形象保持相当的统一和完整（图 7-37 ~ 图 7-39）。

（4）会议现场环境设计

（5）其他应用延展设计

相比各类视觉广告和软装，活动期间的服装同样能够给活动气氛带来积极的影响，主题无处不在，设计无处不在（图 7-40）。

图7-37　室内环境设计

图7-38　论坛活动的室外环境

图7-39　论坛会议现场的环境设计

图7-40　会议T恤衫设

　　案例来源：设计之家：http://www.gj33.cn

# 7.5 推广活动与仪式的策划与执行

## ××地产项目

### 1.策划部分

　　地产营销活动的策划一般分为奠基、开盘、文艺晚会、客户联谊会等形式，具体如下：

　　（1）项目概况

　　××地产项目位于××市，城市核心区。作为高端定位的商住楼盘，项目的推广活动总体分为两个部分，即奠基仪式、开盘仪式（含文艺演出及客户联谊会）。

　　（2）奠基仪式策划

　　举办奠基仪式主要为了达到两个目的：①通过盛大的活动，全方位展示开发商的开发实力与项目的基本情况；②制造城市热点，吸引新闻界及社会公众的目光，从而扩大项目的影响力和知名度，树立公司及项目的标杆地位，全面提升项目的知名度。

　　活动时间：2007 年 ×× 月 ×× 日

　　活动地点：项目某地现场

　　参与嘉宾：各级领导、媒体记者、经营户代表、金融单位代表、合作单位代表、建设单位领导、大客户代表、社会名流和市民等

　　奠基仪式活动流程见表 7-1 所列。

奠基仪式活动流程表　　　　表7-1

| 时间 | 工作内容 | 备注 |
|---|---|---|
| 前1日<br>09：00-16：00 | 工作证发放、条幅安装 | |
| | 舞台及背景搭建 | |
| | 奠基石准备 | 基坑整理及摆放基石 |
| | 红地毯铺设 | 仪式场地和售楼处门前广场红砖位置 |
| | 舞台盆栽摆放 | 除舞台外，迎宾通道20盆与迎宾花篮交叉摆放 |
| | 无线扩音器到位 | 检查电池、音质等 |

续表

| 时间 | 工作内容 | 备注 |
|---|---|---|
| 当日<br>06：00-08：00 | 空飘升空 | 按平面图<br>指定位置排放 |
| | 拱门树立 | |
| | 热气球升空 | |
| | 彩旗 | |
| | 礼花摆放整齐 | |
| | 迎宾花篮摆放 | |
| | 停车指示牌摆放 | |
| 当日<br>08：00-08：30 | 至仪式开始前间<br>断性表演 | |
| | 欢快的节日音乐<br>开始播放 | |
| | 负责场地内车辆<br>停放指挥 | |
| | 负责与交警负责<br>人对接 | |
| | 手持胸花，为嘉<br>宾佩戴胸花 | |
| | 每桌放 1 个果盘、<br>2 瓶水、1 盘糖果 | |
| | 摆放"签到处"<br>标牌 | |
| 当日 08：30 | 主要针对人员、<br>物品是否到位 | |
| 当日 08：35 | 引领至签到桌签<br>到，后由礼仪小<br>姐佩戴胸花 | |
| 当日 8：35-9：30 | 仪式相关物品最<br>后检查准备 | |
| 当日 9：30 | 准备引领上台嘉<br>宾上台 | |
| 当日 9：30 | 礼仪小姐立于嘉<br>宾身后 | |
| 当日 9：38（5 分） | 领导讲话 | |
| 当日 9：43<br>（20 分） | 嘉宾讲话 | |
| 当日 10：23<br>（5 分） | 礼仪小姐引领嘉<br>宾走下舞台奠基 | |

续表

| 时间 | 工作内容 | 备注 |
|---|---|---|
| 当日 10：30 | 保安人员和交通<br>警察负责疏散人<br>群。仪式结束，<br>出入口预留嘉宾<br>车辆通行路径 | |

（3）开盘仪式策划

时间：2010 年 11 月 20 日

地点：项目所在地现场

活动目的：本活动希望达到三个基本目的

①展示项目的品牌形象，强化产品的卖点；②制造话题，造势宣传，强化市场关注度，巩固客户信心，揭开市场升级的序幕；③借此次活动的契机，巩固市场占有率，建立良好的口碑，为以后管理运营做好铺垫。

活动基调：根据楼盘特性，决定了活动的调性——大气、优雅

开盘活动流程见表 7-2 所列。

（4）文艺演出

作为处理公共关系的文艺演出，有助于加深各相关单位的关系和情感，也能在一定程度上确立业主对项目本身的信任感，同时良好的文艺演出质量也是项目品质的重要体现。文艺演出活动可以在各类仪式互动结束后举行，一般采用文艺晚会的方式。

节目清单（略）

（5）客户联谊会

联谊会是以情感交流为手段组织起来的较为松散的群体活动。联谊会的组织一般具有隐含的某种目的，但是情感交流是联谊会成员参与活动的主要动机。

商业中的联谊会主要以较为间接的方式建立与客户之间的关系，虽然表面上看没有直接明确的商业目的，但作为一种商务公关活动，其最终仍然是以促成交易为根本目的。

开盘活动流程表 表7-2

| 时间 | 环节 | 内容 | 职责 | 负责单位/负责人 |
|---|---|---|---|---|
| 9：00之前 | 准备阶段 | 舞台、花篮、地毯等摆放布置完毕 | 各岗位在规定时限内快速、保质保量完成准备工作 | |
| | | 装饰物料布置完毕，停车区接待人员就位 | | |
| | | 主持人、礼仪小姐、演职人员到场换装做准备，所有工作人员到场做准备 | | |
| | | 音响调试完毕，暂放轻音乐待备 | | |
| | | 演职人员就位 | | |
| 9：00—9：57 | 接待及热场 | 参观人员陆续到达，礼仪人员将特邀贵宾引领至室内稍事休息。等待期间，战鼓、龙鼓交替进行隆重的迎宾表演，迅速聚集人气 | 接待，发放宣传资料 | |
| 9：58—10：03 | 开场部分 | 骑马舞 | 欢乐开场 | |
| 10：04-10：06 | | 主持人开场，宣布活动正式开始，介绍到会领导、嘉宾和到会新闻媒体，宣读祝贺单位名单 | | |
| 10：07-10：12 | | 董事长致欢迎辞，介绍公司及项目概况 | 提前确定领导及嘉宾名单、发言内容 | |
| 10：13-10：30 | | 市领导讲话，表达对项目的信心和期望 | | |
| | | 建筑方代表发言，努力打造精品建筑 | | |
| | | 园林设计方发言，突出人与自然的和谐 | | |
| | | 建设监理方发言，对工程质量严格把关 | | |
| | | 嘉宾代表致贺词 | | |
| | | 业主代表发言 | | |
| 10：30-10：35 | 仪式部分 | 主持人总结，邀请领导及嘉宾上台参加冰雕注酒 | 准备用品，提前确定领导名单 | |
| 10：35-10：45 | | 主持人宣布售楼处正式开放，邀请现场领导开放启幕，礼仪人员将售楼处门前红纱揭开，门缓缓打开，气球放飞，鸣炮奏乐 | | |
| 10：45-12：00 | | 领导和嘉宾参观售楼处后，风情演出开始 | | |

## 2.设计执行部分

### （1）奠基仪式

奠基仪式的成功举办离不开现场布置和良好的流程管理，现场布置主要有仪式背景舞台的设计、舞台的整体布置和音响调试；流程与管理则主要指整体活动控制、活动主持以及其他诸如天气突变等一系列突发情况的应对措施等（图7-41）。

开盘仪式，开盘仪式现场包装包括各类户外广告，具体如大型户外、灯杆旗、墙体广告、氢气球条幅、拱形门等（图7-42），其他项目推广资料如楼书、手提袋、销售人员的工作名片、各类办公用品、礼品等均需做统一设计，这些是构成开盘现场的基础。除此之外，相关领导及客户代表讲话、活动现场文艺表演等也是开盘仪式活动的重要组成内容。当然，开幕式的成功举办离不开对活动流程的有效管理。

（2）文艺演出及客运联谊会

文艺表演及活动品质是项目品质的直接表现，本项目在相关的文艺表演和联谊会的举办上均体现出了项目初始的整体定位（图7-43）。

图7-41　项目奠基仪式现场

图7-42　开盘活动现场

图7-43 文艺表演及联谊活动

案例来源：新概念传媒。

# 7.6 公益活动的策划与执行

**"one world one sky"城市空气污染治理活动策划书**

本策划案根据"空气治理，保护环境"的主题要求，为达到广泛有效的宣传效果，分别组织了由中小学生、大学生、社区居民参加的系列活动。

**1.策划部分**

（1）策划亮点

1）本策划案采取了以"印章"转印的方式，代替了以往活动举办过程中各种印刷品和广告制品，避免了一般活动投入大量广告和资金的传统做法，最大程度地节约社会资源，从而防止了更多污染的产生，加强了此项活动本身的"公益性"，避免了以往那种以保护环境为主题，而本身又在大量消耗社会资源、污染环境的做法，能够使公众对自身的行为和活动的意义产生更加深刻的思考。这种把活动成本降到最低的做法，既是本方案的一大挑战，也是本方案的亮点。

2）为了使公众能以更加直观的方式感受到当前空气污染的严重性，设计了三套活动专用的服装，通过活动志愿者的着装，让公众深刻体会到空气污染的严重性。

除此之外，本活动在资金筹备方面选择了以生产环保材料的企业加以冠名，为本活动提供一定的赞助。

（2）活动背景

随着世界各国经济的迅速发展和生产力水平的不断提高，人类对环境的影响越来越大，环境问题已日益突出和尖锐化。严重的环境破坏和空气污染已威胁到人类的生存。目前，全世界很多城市都在面临着环境污染问题（图7-44）。

所以，让我们行动起来，"同一个世界，同一片蓝天"。

（3）活动意义

虽然空气污染治理是一个很大的社会问题，但同时"治理活动"也在我们每一个人的身边、在每一个大学生的身边，在每一个城市居民的身边，我们既是空气污染的受害者，但每个人又可能是空气污染的制造者，因此，我们有保护蓝天的责任与义务。

通过活动可以让我们身边的每一个人明白，环境与每个人相关，环境的恶化与改善同样与每个人相关。

（4）活动概况

主题语：

"one world  one sky"——蓝天行动

宣传语：拯救蓝天，你我同行

活动举办单位：略

主办单位：略

协办单位：略

承办单位：略

总体冠名：略

（5）活动启动仪式

时间：4月10日

地点：略

（6）活动内容

活动整体分为三个阶段：

6月10日～6月20日——环保宣讲进小学

6月21日～6月30日——环保知识进社区

7月1日～7月10日——环保行动进高校

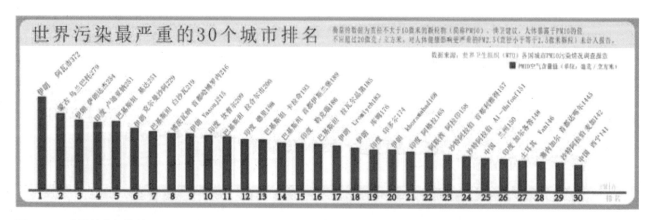

图7-44　世界城市污染情况

**活动一：环保宣讲进小学**

1）宣讲

通过宣讲在小学生中间开展三个主要互动。

2）绘画竞赛

以小学生的视角描画当前环境面临的问题和对未来环境的憧憬。

3）作文写作竞赛

"保护天空、不再让它流泪"为题进行作文竞赛。

4）环保知识竞答比赛

举行环保知识大讲坛，让专家与小学生面对面学习，通过学习、游戏、竞赛，让学生更多地去了解治理空气污染的重要性。竞答以知识竞赛或现场答题的形式，考察同学的环保知识和意识，普及环保常识。参与者现场抽取问题，答对者给予纪念品。

**活动二：环保知识进社区**

1）宣讲

本次针对社区的宣传活动，展品均来自之前小学生活动的成果，包括大量中小学生的绘画和征文作品。这可以多方面、多触点地将家庭成员连接起来，在一个共同的时间让以家庭为单位的社会成员谈论或探讨同一个话题，从而加深活动的整体影响力。

2）公园垃圾清理行动

组织支部成员动员社区居民，带领他们前往各大公园开展捡垃圾、向游人宣传环境知识、分发保护蓝天倡议书等活动，让广大市民也加入到保护蓝天的行列中来。

**活动三：环保行动进高校**

1）展览

在人流密集处如学校出入口、食堂、大学生活动中心等，摆放以"one world one sky"保护蓝天为主题的宣传海报、图片和展板，结合世界环境日主题以展览的形式向大学生宣传各种与环境保护相关的知识，起到教育和警示的作用，并设置留言区域，让大学生将留言写在便利贴上，贴在留言区域。

2）知识大讲坛

邀请环保局相关人士给在校大学生做空气污染治理专题讲座。

3）知识竞答

以主题晚会的形式，进行知识竞答，参与者以及答对者获得相应的奖品。在活动地点，向路过的行人发放保护蓝天倡议书，在学校教学楼、学校网站、宿舍楼张贴发布保护蓝天倡议书。

4）设计大赛

首届"蓝天行动"设计大赛，涵盖平面、综合两大设计类别，体现空气污染治理方案设计的全面性。

5）街舞交流会

将街舞与城市环保结合在一起，不仅可以提高街舞的水平，而且也能通过街舞吸引观众的眼球、吸引媒体的目光，通过动感与时尚的舞姿来倡导人们积极行动起来，保护环境，治理空气污染。

（7）整体活动影响分析

1）积极影响

对赞助商：取得冠名权，宣传了企业在公众中的良好形象。

对参赛者：

①锻炼参赛者的意志力，加强超越自我的信心。

②提供一个放松工作及学习压力的机会。

③培养增强环境保护的意识。

对政府：

①彰显城市活力，创造城市品牌。

②引领城市精神，展示发展理念。

③宣传城市形象，增强城市魅力。

④整合社会文化，树立和谐新风。

⑤提升人性价值，促进全面发展。

2）负面影响

可能产生较高的噪声污染以及阶段性地影响道路交通，应注意避免。

（8）媒体支持：略

（9）经费来源：略

1）政府支持，环保组织经费，承办协办高校筹集。

2）赞助费用。

（10）经费预算

1）纪念品：1000元（最大范围地发送到参与者手中）。

2）活动宣传费用：2000元（尽可能地获得各门户网站的赞助和支持，所有的宣传品均采用手工"印章"盖章的方式制作，最大程度地节约制作成本）。

3）活动现场：5000元（包含各种宣传物品的设置和现场用品）。

4）文具费：200元（活动策划执行过程中的文件打印和复印）。

5）其他费用：1000元（用作活动过程中不可预见的支出）。

总计：9200元。

（11）危机与紧急处理

**活动一：环保宣讲进小学**

可能出现的情况：

①天气预报显示活动当天是否下雨；②意外起火；③观众秩序。

解决措施：

①如活动当天下雨，时间顺期推延至下一天；②会展场地布置3～5瓶灭火器；③活动现场专门布置10名志愿者负责秩序。

**活动二：环保知识进社区**

可能出现的情况：

①天气预报显示活动当天是否下雨；②观众秩序。

解决措施：

①如活动当天下雨，时间顺期推延至下一天；②活动现场专门布置6名志愿者负责秩序。

**活动三：环保行动进高校**

可能出现的情况：

①天气预报显示活动当天是否下雨；②参赛者发生意外；③观众秩序；④活动进程失控。

解决措施：

①提前联系校医院，对相关人员进行医疗救护培训，并购买医疗物品；②由街舞社团在天气预报报道的日降雨量基础上来决定活动是否正常进行，如雨量过大则顺期延后；③比赛过程中，与交通警察局联系巡逻车保证赛场安全；④配备20名志愿者，提高处理突发事件的效率；⑤组成志愿者新闻发布小组，对比赛情况和出现的问题向参赛者及时做出解释。

（12）方案总结

此方案将对公益性活动在举办过程中如何最大程度地压缩成本进行一次有效尝试，这对以后公益类活动的筹办具有重要的参考价值，并对社会公益活动的意义带来重要的启示。

**2.设计部分**

（1）活动LOGO

LOGO由文字和图案组成，文字："City Air"——城市空气；"one world one sky"——活动主题；"中国·南京"——活动地点；图案：将圆5等份划分，上4/5为蓝天白云，下1/5为碧水，营造出清洁的环境空间，充分表明本次活动策划的最终心愿——治理空气污染，保护环境；LOGO中穿插标志性建筑，指明本次活动的主办地点（图7-45）。

图7-45 活动标志设计

（2）应用设计

活动过程中，参与者需要统一的服装与帽

子，一是区别观众与活动参与者，二是整齐的服装与 LOGO 可以为活动做形象宣传（图 7-46）。

服装的制作以批量化的 T 恤衫为基础，以活动的标志印章进行印制，最大程度地节约活动的成本与开支，同时传达出节约社会能源、防止污染的活动理念，以身作则，令参与者对活动产生深刻的反思。

志愿者作为带动活动的引导者，其着装应尽可能地反映出活动的主题，并对活动的内容进行深刻的诠释。本次活动中的三套服装即是对活动内容的生动诠释：1990 年，空气质量尚可；2000 年左右，人们需要戴口罩出行；而在不远的将来，人们出行可能需要佩戴防毒面具。这三套服装的变化充分表达了空气质量迅速恶化的事实，更提醒人们当前空气质量变化的速度之快，应该引起人们的充分重视（图 7-47）。

图7-46　活动参与者服装

图7-47　志愿者服装

（3）图形印章

丰富的图形印章可以在活动过程中广泛宣传各种治理空气污染的方法，而这些印章可以在活动过程中巧妙地印制在活动场地和参与者的身上或者脸上，既是一种活动气氛的营造，也是一种常识的宣传，同时可以节约大量的活动成本，最大程度地体现活动的公益性，并引发公众对活动本身意义进行深刻的思考（图 7-48）。

（4）活动纪念品设计

所有奖品、纪念品的设计与包装均采用最简单的形式，凸显公益性。以上用品同样可以使用

印章的方式进行手工制作，一方面可以使得用品减少商业的意味，更重要的是可以最大程度地减少活动的运行成本，处处彰显活动的公益性（图 7-49）。

（5）活动主题海报

以"时钟"为创意出发点，以"烟囱"、"斧头"、"地球"为元素，巧妙地揭示本次活动的中心主题——空气污染，说明随着森林的砍伐，很快将出现严重的环境问题。斧头下的红色字体"南京"，更是说明南京空气污染的治理任务迫在眉睫；"earth wait die""你认为还有时间等

待吗"用警示的语气表达对于空气污染问题的重视，不能任由人们肆意地破坏；最下方的红字"Our Earth Our Future-just Save it"，呼吁人们共同行动起来，保护我们的地球家园。治理空气污染，任重道远（图7-50）。

### 3.问题思考

（1）快速梳理出本活动有哪些内容，策划案的核心是什么？

（2）为了更好地凸显活动的公益性，还可以用哪些策略和具体的设计手段？

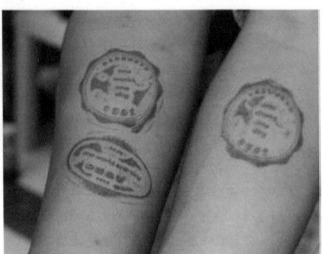

图7-48　活动中用到的图章

图7-49　活动纪念品设计

图7-50　活动海报

# 7.7 展馆的整体策划与设计执行

## 7.7.1 ××文化展示馆

### 1.策划分析

（1）背景概况

（2）镇区解读

（3）项目定位

本场馆将以领导考察、科普教育、文化展示、经验交流、社区活动为目的，传播历史，推广文化品牌建设，打造大型公共体育娱乐休闲空间，提升居民的文化品位、自豪感与成就感，未来将成为：

科技中心，打造娱乐家园，搭建教育平台。

文化中心，传播悠久历史，推广文化品牌。

体育中心，开展健身运动，创建体育强镇。

（4）功能布局

本场馆作为城市未来重要的公共服务、接待展示、社区活动空间，完善合理的功能布局显得尤为重要。主要包括：

公共空间、展示空间、互动体验空间、接待空间、体育场地、办公与会议空间、管理与控制空间、休息售卖空间、配套服务空间。

（5）群体分析

政企领导、专家媒体：

重点突出、直观清晰、互动体验、讲解为主、稍带互动。注重展厅品质、镇区概况、建设成果、发展规划。

社会大众、在校学生：

浅显易懂、内容生动、互动体验、查询为主；科普知识、历史文化、社区活动、体育健身、镇区概况、建设成果、发展规划。

（6）设计思路

1）大厅设计体现"文化和体育精神"（文化氛围、纯朴大气、友好和睦、动感活泼）。

2）展厅设计创造不同寻常的展览体验、持久记忆和影响（身临其境、古今交融、简单易懂、寓教于乐）。

（7）视觉元素

1）沙土（沙土主体色）

2）银杏叶（黄，辅助色）

3）长江波浪（银灰和蓝作为辅助色）

（8）方案策划案的总结

本方案为了展现×镇独有的风貌特征，将一个江边现代化小镇的历史文化作为了展厅设计的重要组成部分，具体如古寺中的银杏树、江边独有的地理特征（滩涂）以及当地的民风民俗（孝文化）。这是现代化小镇的文化之根，如果没有这些内容的展示，很难体现出地方的特色。因此，策划案立足历史文脉，将本地的文化传统与当前建设的成就结合起来，全面丰富地展现出了×镇的古往今来以及未来发展愿景。

### 2.空间设计

（1）展区划分

展区划分将前期策划的基本内容按照时间发展的纵向轴进行了合理的安排，从地理文化特征到现代生活，经济发展到未来展望，比例恰当，布局合理，除多媒体影院外，整体比例约为2:3:3:2（历史渊源:现代生活:经济建设:未来发展），如图7-51所示。

（2）参观情感曲线

参观一个展馆如同观看一部电影，总体上

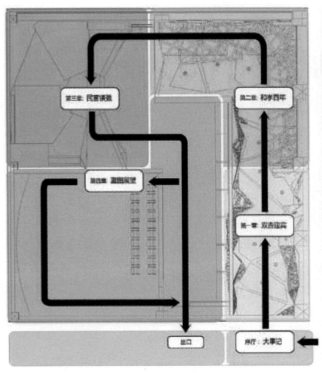

图7-51　展馆总平面

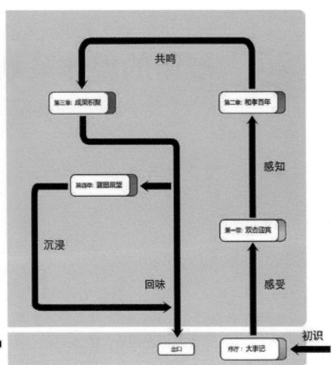

图7-52　参观情感变化

观者的情绪需要有一个合理的变化，即从初步感知到深度了解、引起共鸣再到沉浸式的体验等几个不同部分，基本关系是层层递进。"双杏迎宾"让观者对×镇的历史渊源有了初步了解；"和孝百年"道出了本地独有的文化传统，加深了观者的认识；"成果积累"则解释了在特有的民风民俗影响下，×镇在经济发展方面取得的骄人成绩，让参观者产生共鸣；最后，通过生动的多媒体影片让观者沉浸体验×镇古往今来的发展历程（图7-52）。

（3）内容体系

展馆设计从概念策划到内容设计阶段，需要对展示内容进行逐步的深化与整理。概念是宏观层面起到引领作用，而具体的内容则是最终要呈现出来的，否则展馆展示会空泛无力。本方案在此阶段将各部分的内容进一步细化与分解，具体如图7-53所示。

（4）效果图

入口的设计为展馆名称；接下来的廊道设计以"双杏"为主题，形式上虚实结合，不规则的通道空间形成了一种"探寻"的参观心理，地面的滩涂设计表达了独有的地理特征（图7-54）。

地面斑驳的银杏叶与隐藏在展板后面的背景音乐，构成了悠闲浪漫的总体情境，顶部的块状造型为环境带来了一些动感（图7-55）。

建设成就展示厅以古代农业测量工具"斗"为造型主题，表达各项经济建设取得的丰硕成果，地面、吊顶与立面的呼应使得内容表达清晰明了（图7-56）。未来发展部分以相对简洁的形式表达了"未来感"，内容部分以各类规划为主要展示内容（图7-57）。

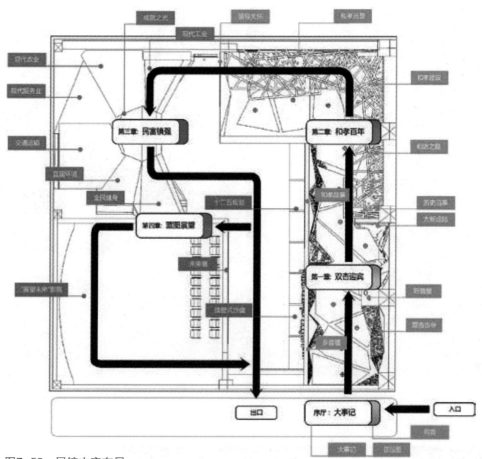

图7-53 展馆内容布局

图7-54 入口及廊道设计

图7-55 意境的塑造

图7-56 成就展示区

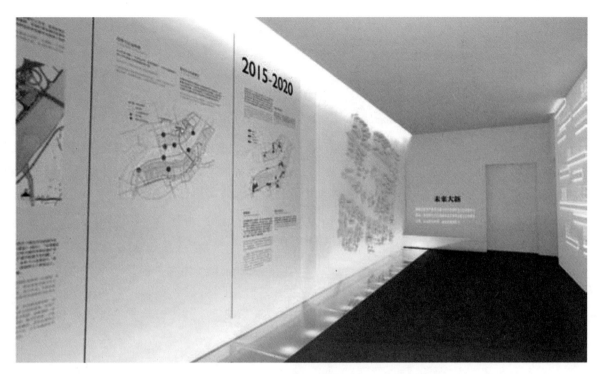

图7-57 未来展示区

## 7.7.2 ××风景区展馆策划与设计

### 1.策划

（1）项目背景

秉持对自然文化遗产和优秀历史传统的传承与发扬，发掘悠久的历史、璀璨的文明、深厚的人文积淀、浓郁的宗教氛围、丰富的旅游资源等，通过展馆将之系统全面地展示给参观者，通过现代化的展示手法，以历史、人文、旅游、民俗、宗教为五大展示重点，将展示馆打造成在全市、全省乃至全国同类展馆中的先进典型。

（2）区位与策划内容

（3）内容策划

目的："再现文人墨客眼中、记忆中的美景"。

（4）历史变迁

诞生：略

景点重建：略

（5）展示核心内容

宗教文化：

古迹及墨宝：

自然人文景观：

成片的马尾松、水杉、毛竹，山坡有桃、梨果园，种类多样的野生药材遍及全山。

（6）受众分析

展馆受众分析，见表 7-3 所列。

（7）展示大纲：略

展馆受众分析 表7-3

|  | 领导和VIP | 商业团体 | 国外政要、国际友人 | 学生、公众 | 游客 | 新闻媒体 |
|---|---|---|---|---|---|---|
| 动因 | 受到专函邀请 | 受到邀请 | 受邀 | 组织参观、媒体宣传 | 参观文化 | 受到邀请 |
| 兴趣 | 景点规划与建设状况 | 景区的策划范围以及动向 | 景区总体风貌、历史文化保护 | 互动性强的多媒体 | 历史人文、自然风貌的体现 | 展示内容，文化的体现 |
| 目的 | 指导、监督、检查工作，提出下一阶段工作的期望和指导方针 | 了解并投资城市发展项目 | 提出一些国际化思路和建言 | 学习历史文化及知识拓展 | 了解非物质文化遗产 | 频道及专题文章的素材；对某些题材和亮点内容作更深入的调研 |

**2.设计**

（1）总平面

（2）入口形象墙

作为文化展示馆，本馆在空间构成上用大部分空间展示了当地的历史、人文和民俗方面的内容，廉政及会客厅作为了整个展馆的辅助空间（图7-58）。

馆名墙作为展馆整体的形象，体现了源远流长的文化传统（图7-59）。

（3）前言序厅

展馆序言通过卷轴的处理方式，形式简洁，端庄大气（图7-60）。

（4）历史变迁

通过手绘地图表现了历史上历次重大变化，形式上传统与现代、色调上明与暗进行了很好的对比（图7-61）。

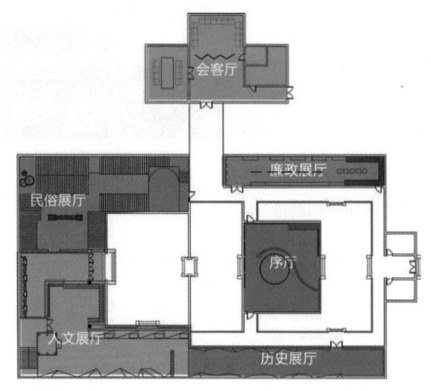

图7-58 展厅总平面

图7-59 馆名墙

图7-60 前言及电子沙盘展示

图7-61 历史变迁

文化遗址展示区通过实物展示，显示出厚重的文化气息（图 7-62）。

（5）景区展示

通过大型媒体及静态图像墙面的方式进行展示，相对狭小的廊道空间带来了强烈的体验感，仿佛让人漫步于各种不同的场景当中（图 7-63）。

诗歌、传奇故事和名人，以相对真实的场

图7-62　文化遗址展示

图7-63　景区展示

景复原，展现出丰富的人文气息（图 7-64）。

（6）历史人文

明贤留踪展示了本地区古往今来的贤达人士，独具特色的诗歌辞赋（图 7-65）。

风土生香展示了本地区部分非物质文化遗产及民俗民风，真实的场景再现可以让参观者亲身感受特色文化生活（图 7-66）。

会客厅的设计同样遵循了古香古色的传统风格，体现了源远流长的历史文化积淀。尾厅介绍了旅游风景区在自然生态环境保护方面做出的努力和取得的成果（图 7-67）。

图7-64 场景复原

图7-65 明贤留踪

图7-66 风土生香

图7-67 会客厅

案例来源：深圳杰尔斯（上海）公司

# 第8章
# 总结与思考

**本章导读**

　　大学期间的学习，目的不仅仅在于知识点的积累，更重要的在于建立起一种独立思考的良好习惯。设计专业学生在经过策划管理课程的学习后，应该能够独立思考方案中的合理性、可行性以及方案策略的巧妙之处。除此之外，还应该在更深的层面思考以下几个问题。

　　（1）策划、创意和设计之间的关系

　　（2）策划、创意与设计之间的相互作用

　　（3）在策划中做设计

　　（4）如果设计也有流程

　　（5）设计师参与策划的意义

## 8.1 | 策划、创意和设计之间的关系

### 8.1.1 关系分析

在当前一方面强调专业交叉与协同创新，而另一方面又在加强专业细分的情况下，应该如何处理策划、创意、设计三者之间的关系，这是文化创意大产业应该思考的一个重要问题。总体而言，三者之间既有相对的独立性，但同时又需要充分的交叉。

独立性：从三者的学科内容看，虽然三者在内容结构方面存在一定的交叉，但在实际项目运作中三个专业依然具有相对的独立性。比如策划师往往出身于商学院的管理学背景，多从事宏观方面的工作；设计师常常出身于设计或美术学院，大多从事具体的形式表现工作；创意工作者往往出身于广告学专业，其从事的工作常介于策划和设计之间。

交叉性：三者的交叉性主要体现在项目运作过程中，不同专业人员的工作范围边界存在着模糊性。比如策划师往往会参与到创意或设计方案的决策上，而创意与设计很多时候更像一个整体，一定程度上也需要参与到项目的策划中去。而在创意企业中也存在不同情况，比如以策划与管理为核心的顾问管理公司、以创意设计为核心的设计公司，还有以工程制作为核心的装饰布展公司等，这都表现出三者之间的交叉性。

对大型的社会或商业活动而言，当然分工越细意味着专业化程度越高，这是显而易见的。但在互联网时代下，一专多能正是文化创意产业发展对人才提出的新要求。这种情况的具体表现是，很多中小型的会议活动开始由传统的策划、创意到设计执行的流程，转向由设计主导就可以完成，这极大地提高了会议活动的工作效率并降低了企业的运营成本。在实际项目运行过程中，这种情况已经非常常见。另外，在互联网的影响下，传统的大型活动正被分解成大量中小型的商业活动，以往由大组织（企业）面向个体（消费者）的情况，逐渐开始转向由个体面向个体。作为设计师，或者作为以设计为主导的个体，有必要重新思考策划、创意及设计之间的关系问题。

### 8.1.2 相关启示

通过对以上三者关系的基本分析，应该看到，在看待策划、创意与设计时，一方面要充分尊重策划，毕竟术业有专攻，任何专业都有其核心的功能与作用，另一方面又要尽可能地扩大自身的知识范围与视野。设计师必须具有良好的人文素养和逻辑推理能力，甚至还要具备一定的技术技能，如工程和计算机等，这是提高设计水平的有效途径和必经之路，单纯的形式或艺术已经很难胜任未来设计发展的趋势。

关于未来设计的趋势，全球最好的设计公司创意总监和其他著名设计师一起，给出了他们的预测，具体如下。

设计的界限一定会消失

在未来的五年，传统的平面设计师、UI 设计师和技术人员之间的界限会逐渐模糊以至于消失。Jony Ive 就接管了苹果的产品设计，今后这一类跨界一定会变得越来越多。这也意味着，对设计师来说跨平台设计的能力变得越来越重要。寻找结合点变得很关键。

——Mike Treff, Code and Theory 的产品
设计组成员

### 自学成才的设计师会逐渐增多

自学成才的设计师人数将超过各大院校设计专业的学生。审美和技术是在不断进步的，大学里的教学课程已经跟不上它的步伐。记住，要时刻地保持自我更新。经常去 starter league 和 codecademy 上去学点新东西吧。Keep with the pace of learning.

——Johnmaeda, Kleiner Perkins Caufield &Byers 的设计师

### HELLO,CEO

有越来越多设计出身的人开始担任企业的 CEO 了，这几乎成为了一个趋势，但并不是每位设计师都能成功。设计专业让他们对产品有良好的判断，但同时还需要对生意有着精准、全面的理解。

——Robert Brunner, Ammunition Group 创始人

### 对每一家公司来说，设计都会变得至关重要

大型的科技公司越来越注重设计，他们有了不少新动作。Chrome OS Beta 上的 Files App 在更新后，会成为第一个换上 material Design 风格的 Chrome App，这个设计小组是由 matias Duarte 领导的，John Donahoe 则领导了 eBay 的设计小组，IBM 也开始发力了，他们新建了由 Phil Gilbert 领导的设计小组，想拾回他们在设计领域的荣耀。

——Johnmaeda, Kleiner Perkins Caufield &Byers 的设计师

### 设计更需要同理心

要真正的、深层次地去感受用户的需求。比如你要开发一款智能手环，用以检测和提醒老年人的身体状况，虽然他们需要这款产品，但是未必真会花钱去买它——没人希望在自己身上时时刻刻挂着一个标志上面写着"我老了"。所以，设身处地地去了解用户真的十分必要。

—— Donald Strum, michael Graves Architecture& Design 的产品设计师

### 广告和市场营销将成为设计的一部分

以前是把产品生产出来之后再去考虑营销，现在则不同了，要将营销视为设计的一部分才行。一款成功的产品，一切都需要超级一致。

——Mike Treff, Code and Theory 市场运营

### 会有更多的工程师变成设计师

有越来越多的工程师在设计领域初露端倪，这在十年前几乎不能想象。比如 Inkling 的 Peter Cho，Opower 的 Deena Rosen，Flipboard 的 marcos Weskamp。

——Johnmaeda, Kleiner Perkins Caufield &Byers 的设计师

### 设计者将不得不成为心理学家

产品越来越多，到处是创业、APP、交互……消费者被一大堆新东西包围着。如果你恰巧又是一个设计者，你不得不从心理历史学、民族学、社会科学等多个角度去思考你的产品。

—— Vijay Chakravarthy, Michael Graves Architecture & Design 高级产品设计师

### 设计师要学会玩数据

设计和经验有关，也和数据分析有关系。设计师要学会玩数据，用数据来打造日常物品的新定义，使产品变得更聪明、更有效。

——Robert Brunner, Ammunition Group 创始人

### 设计永不止息

Everything becomes available everywhere. 在

现代的世界，你可以随时随地地获取任何东西，实物也好，概念也罢，人们将越来越少地关心你能从盒子里拿出什么，他们更关心的是：随着时间的推移，你的设计能持续地提供什么？

——Ben Watson, Hermanmiller 的执行创意总监

以上对设计的理解和对设计未来趋势的预测都说明了一个观点，设计再也不会是单纯或单一的技能，设计将与其他更多专业交叉，这也就要求未来的设计师必须掌握设计之外更多的知识。

## 8.2 策划、创意与设计之间的相互作用

### 8.2.1 相互作用分析

如果将策划、创意和设计放在一起，其各自有着自己鲜明的特征，比如策划的典型特征是目的性，创意的典型特征是新奇，而设计则更侧重于一种方法。如果将其放在一个整体上考虑，常常表现出如下关系，即策划是为了一件具体的事情，创意是为了实现策划的目的而采用的一个特别的概念，而设计则是将创意通过具体的途径或载体表现出来，更好地实现策划的目的（图8-1）。

向市场，占据市场需要采取一系列的方法（这个过程称之为策划）；其次，为了让牙膏给人留下与众不同的印象，需要有一个非同一般的概念，策划组经过前期的调研决定将牙膏的修复功能作为这支牙膏推广的核心概念（这个概念就是创意）；再次，如何让这个概念（牙膏的修复功能）轻易而形象地传递给消费者，这就需要采取一定的方法告知消费者（这个过程就叫做设计），此处设计师对创意概念进行了设计，如图8-2所示，显然这个设计的直接目的就是为了实现前期策划制定的目标。

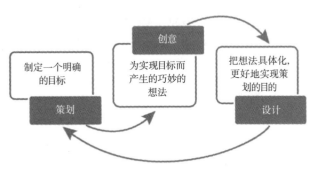

图8-1　策划、创意与设计的关系

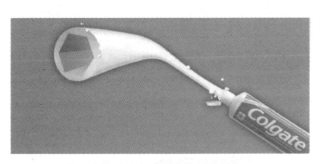

图8-2　牙膏广告设计所表现出来的巧妙创意

比如，厂家要将一支牙膏推向市场，其需要进行一系列的策划、创意和设计活动。首先，确立一个目标，通过一定的市场活动将新产品推

值得注意的是，在这个过程中，虽然策划、创意和设计的界限看似非常清晰，但是在实际项目运作过程中，并不一定都经过这样一个完整

的过程，甚至整个过程完全可以通过一个人来完成，这个人可以是策划师、可以是创意工作者、也可以是专业的设计师。因此，字面上策划、创意和设计之间存在着不同的协作与分工，而事实上界限十分模糊，这也是当代设计师进行策划、创意训练的主要原因。

作为新兴的特设专业，艺术与科技专业的典型特征是"综合性"，在会展活动中不仅会涉及空间、平面和多媒体等设计内容，还与活动策划、营销等管理专业存在紧密关系，基于此在会展设计教育方面需要将"策划""创意"和"设计"结合起来。当然，这并不意味着培养一个在策划、创意和设计及管理方面的全能型人才，而是通过相关知识的训练，能够使设计师与策展执行团队密切配合，从而使策展活动能够高效地运行。

## 8.2.2　相关启示

通过对以上三者之间相互作用的基本分析可以发现，策划是制定一个宏观的框架，创意是提供一个概念，而设计则是创意的具体体现，设计最终又是为了实现策划的最终目的。这种关系要求设计师要做出成功的设计，必须首先深入理解策划的基本内容，之后能够产生巧妙的创意，最终要具备表达的基本技能。这是未来设计师学习的基本内容，也是必须具备的基本素质。

# 8.3 在策划中做设计

何为在策划中做设计？其根本并不是要求设计师具备专业的策划能力，而是要求设计师要有策划意识，具体包含以下三个层面的含义。

（1）先有策划再做设计。先有策划指必须要有一定的策划基础，既可以是完整的策划方案，也可以是简要的策划大纲，但是策划的核心重点必须有所把握，这样设计才有大致的方向。

（2）设计之前深入解读策划案。针对已有的策划案或者策划大纲，并不是指形式上的有无，而是要对其具有深入的理解，甚至能够根据设计师已有的经验和知识体系提出更好的或更优的解决方案。

（3）策划是设计的基础。没有以上对设计基本内容的了解与把握，也就很难有精准有效的设计方案。

基于策划对设计的这种重要性，设计师一定要培养自身的策划意识，凡事均需给出一个理由，在设计学习过程中，即使理由未必成立，但仍然要坚持这样的思维方式，经过长时间的训练，随着策划及相关知识经验的积累，必然会产生更加成熟的设计。

## 8.4 如果设计也有流程

作为源于艺术的设计，很多时候会强调"灵感"，而灵感即意味着随机性。但是，现代设计的根本属性要求具有更多的团队意识与理性精神，而理性则对应着流程。如果设计也有流程，其应该怎样体现呢？

（1）认知

认知意味着"知道"的层面。根据以上对策划、创意、设计之间关系和基本作用的理解，以及未来设计师应该具备的基本素质要求，在设计的最初阶段需要对设计对象进行基本的了解，也就是认知，这是设计的第一个阶段。

（2）理解

理解意味着深刻领会策划内容的内涵，也就是策划的精髓所在，这是设计进行的关键环节。如果没有对策划案的深度理解，设计也很难达到一定的深度。对策划案的理解过程其实也是设计工作的开始，因为内容的理解与形式的表达是一个不可分割的整体。

（3）执行

执行意味着设计的最终完成。设计作品的完成过程并不是单一的设计过程，本质上是策划创意与表现的有机整体，在设计过程中，三个方面的工作是一个互相交织互相作用的过程。

## 8.5 设计师参与策划的意义

培养策划型设计师，不仅仅在于理论知识的培养，更应该加强实践活动的锻炼，具体而言即鼓励设计专业学生实际参与到不同项目的策划中去，这对企业、设计师自身以及设计师职业发展而言都有着非常重要的意义。

（1）提升不同职业背景人员之间的协同

在企业内部，设计师通过参与策划的过程，可以深刻理解掌握企业参展策划案的内容和精髓，以便在后续的项目执行过程中更加高效地诠释参展的策划案。

（2）有利于参展活动的高效执行

在参展项目中，设计师合理定位自己在企业参展团队中的位置，可以极大地提高参展活动的执行效率。任何人都是团队中的成员，团队是现代企业运行的基本构成单位，个人力量的发挥离不开团队。企业在参展活动过程中，特别是参展后期的布展阶段，前期策划的执行很大程度上依靠设计的具体执行，而设计师的加入能够极大地提高布展的效率。以往那种将设计师独立于策划团队之外，将工作仅限于设计的状态是十分不利于项目推进的。

（3）提升设计师自身的从业技能和发展空间

企业内的设计师常常会被定位为方案的阐释者，设计师即绘图者的错误观念也使得许多企业内部的设计师游离于企业的策划决策层之外，更有甚者将设计师看做是企业内部的美工，这不仅不利于企业运营的效率，也严重阻碍了设计工作者的职业发展空间。对大量企业而言，特别是中小型企业，"一专多能"是企业的迫切需要，同样，"一专多能"更会给设计师带来更大的发展空间。

以上即是本课程学习中需要思考的部分问题，更多问题需要学生独立地去思考。

# 附录　会展相关网址及专业杂志

## 1. 会展协会网站：

http://www.ufinet.org 国际展览联盟

http://www.bie-paris.org 国际展览局

http://www.iccaworld.com 国际大会及会议协会

http://www.iaee.com IAEE International Association of Exhibitions and Events

http://www.sceia.com.cn 上海市会展行业协会

http://www.themeetingsindustry.org

http://www.expo-china.com 中国会展网

http://www.caec.org.cn 中国展览馆协会

http://www.conventionindustry.org 年会行业委员会

http://www.hsmai.com 国际饭店营销与市场推广协会

http://www.ises.com 国际专家活动协会

http://www.mpiweb.org 国际会议专家联合会

http://www.nace.net 国家餐饮业高级行政人士协会

http://www.pcma.org 专业会议管理协会

http://www.site-intl.org 奖励旅游高级管理人士学会

## 2. 国内外会展活动及会展中心网站：

http://www.cesweb.org/ CES

http://www.cesweb.org/ CeBIT

http://www.hktdc.com/ 香港贸易发展局

http://www.cnta.com 中国旅游网（国家旅游局官方网站）

http://www.ccpit.org/ 中国贸促会

http://www.mccormickplace.com 芝加哥麦考米克会展中心

http://www.messe.de 德国汉诺威会展中心

http://www.paconvention.com 美国费城会展中心

http://www.dcconvention.com 华盛顿会展中心

http://www.sniec.net 中国上海新国际博览中心

http://www.hkcec.com.hk　香港国际会展中心

http://www.caexpo.org　中国东盟博览会

3. 会展业内杂志、书刊、网络刊物及资源：

http://www.canadianspecialevents.com 《加拿大活动项目供应商指南》、《加拿大活动项目观察》

http://www.corporate-inc-travel.com 《团体及奖励旅游》

http://www.incentivemag.com 《奖励》杂志

http://www.meetingsnet.com 会议网

http://www.specialevents.com 《专业活动项目》杂志

http://www.successmtgs.com 《圆满会议》杂志

# 参 考 文 献

[1]  郑曦阳，徐宏等. 展示设计与分析 [M]. 北京：中国建筑工业出版社，2013.

[2]  许传宏. 会展策划 [M]. 上海：复旦大学出版社，2010.

[3]  来逢波. 会展概论 [M]. 北京：北京大学出版社，2012.

[4]  赵慧宁，赵军. 现代商业环境设计与分析 [M]. 南京：东南大学出版社，2005.

[5]  林家阳. 图形创意与联想. 北京：高等教育出版社，2006.

[6]  （英）帕维特. 品牌圣经. 成都：四川美术出版社，2011.

[7]  钱凤德， 吴国欣. 对视觉设计教育思维模式问题的探讨. 何洁，何晓佑. 第六届全国视觉传
     达设计教育论坛优秀论文集. 南京：东南大学出版社，2012.

[8]  李玺，叶升. 企业活动策划——理论、方法与实务 [M]. 北京：清华大学出版社，2014.

[9]  李勇军. 会展策划 [M]. 北京：机械工业出版社，2015.

[10]  陈薇. 会展营销 [M]. 重庆：重庆大学出版社，2013.

[11]  华谦生. 会展策划 [M]. 杭州：浙江大学出版社，2010.

[12]  马骐. 会展策划与管理 [M]. 北京：北京交通大学出版社，2011.

[13]  郑建瑜. 会议策划与管理（第二版）[M]. 天津：南开大学出版社，2014.